Die schönsten

Hausbrauereien

in Franken, Altbayern und Schwaben

Heinz Weißfuß

DIE SCHÖNSTEN

Hausbrauereien

IN FRANKEN, ALTBAYERN
UND SCHWABEN

SÜDWEST

Inhalt

Franken

MAI
195

Einführung

Rechte Seite:
Ein Hopfenbauer aus der Hallertau mit einem Bündel Hopfendolden.

Die schön glänzende Kupferpfanne mitten im Gastraum, dazu der Braumeister, dem man beim Ansetzen des Suds über die Schulter schauen kann: Da wird die Lust auf ein kühles Bier gleich noch mal so groß! Kein Wunder also, daß seit einigen Jahren in ganz Deutschland immer mehr Gasthaus-Brauereien aus dem Boden schießen. Und es ist höchste Zeit, die schönsten bayrischen Exemplare dieser Lokalspezies in einem Führer vorzustellen.
Freilich, nur einem Trend zu folgen heißt noch lange nicht, auch ein bemerkens- und erwähnenswertes Gasthaus zu führen. Denn auch diese ganz spezielle Art der Erlebnisgastronomie ist nur dann von wirklichem Erfolg gekrönt, wenn neben Bier und Ambiente auch das kulinarische Angebot stimmt.

Überwiegend kleinere Betriebe

Die meisten der in diesem Buch beschriebenen Gasthaus- bzw. Haus-Brauereien sind kleinere Betriebe, die nur für den eigenen Bedarf, sprich für den Ausschank in der hauseigenen Wirtsstube arbeiten. Allerdings wurden auch größere Brauereien aufgenommen, wenn bestimmte Kriterien wie besondere regionale Bierspezialitäten und die optimale Bierpflege in der Wirtschaft erfüllt wurden. Zum Beispiel in Aying: Dort gibt's einen dunklen und hellen, unfiltrierten Haustrunk, der per Standleitung von der Brauerei daneben direkt ins Bräustüberl fließt. In der Schloßbrauerei Au dient der wunderschöne alte Sudkessel beispielsweise nur noch als nostalgisches Dekor. Das unfiltrierte Hausbier wird in einer computergesteuerten Anlage gleich nebenan gebraut. In die Vergangenheit versetzt fühlt man sich dagegen im oberfränkischen Kati-Bräu, wo der Sud in einer aus dem letzten Jahrhundert stammenden Scheune neben der Wirtschaft angesetzt wird.

Dieser alte Bierkrug ist im Brauerei-Gasthof Krone in Kronburg zu sehen.

Ein Bierausflug lohnt sich doppelt

Diese Vielfalt der bayrischen Bier- und Braukultur zu erleben und zu verkosten macht riesig Spaß. Noch dazu, wo die Wirtshäuser allesamt an so schönen Flecken Bayerns gelegen sind, daß sich ein Ausflug dahin gleich doppelt lohnt. Eine Anmerkung noch zu den Preisen: Sie entsprechen dem Stand von Anfang 1996. Und nun viel Spaß bei der eigenen Verkostung!

Ihr Heinz Weißfuß

München

Der Biergarten am Chinesischen Turm im Englischen Garten, München.

1

Flieger-Bräu

Feldkirchen-Riem

ADRESSE
Flieger-Bräu, Sonnenstraße 2, 85662 Feldkirchen-Riem,
Tel. 089/9036032

ANFAHRT
• S 6 Richtung Erding bis Feldkirchen, dann 5 Minuten zu Fuß
• Mit dem Auto Richtung alter Flughafen Riem, Ausfahrt Feldkirchen-Ost

ÖFFNUNGSZEITEN
Täglich 10 bis 23 Uhr

BIER
Helles, Weißbier

ESSEN
Bayerische Schmankerl, Brotzeiten, Spezialität: Entenbraten in allen möglichen Variationen

TIP
Sandkasten für Kinder

▶ DER BESONDERE TIP

Jeden Sonntag 11 bis 15 Uhr bayerischer Bierbrunch.

Wenn's um Erlebnisgastronomie geht, ist der Flieger-Bräu in Feldkirchen vor den Toren Münchens der Überflieger. In dem historischen Ziegelbau, in dem einst Mühlsteine gefertigt wurden, dreht sich seit ein paar Jahren alles nur noch ums Bier und um die Fliegerei. Das Sudhaus, Herzstück einer jeden Gasthaus-Brauerei, kann jeder sehen und riechen. Drum herum im Erdgeschoß ist die Wirtsschänke.

Oben im ersten Stock geht es etwas gediegener zu, da ist „Der königlich bayerische Fliegerclub“, eingerichtet wie Omas Wohnzimmer und ausgestattet mit allen möglichen (und einigen unmöglichen) Fliegerutensilien.

Hier ist alles etwas anders, sogar der Braumeister – der ist adlig. Albrecht von Wallmochen braut drei verschiedene Sorten: Das Salonbier, ein leichtes, unfiltriertes Schankbier; das Schwarzbier nach tschechischer Art und die ungefilterte, bernsteinfarbene

Im Flieger-Bräu wird Erlebnisgastronomie groß geschrieben: Jeden Tag finden hier eine lustige Papierfliegerschlacht und das Hans-Albers-Gedächtnissingen statt.

Flieger-Weiße. Wer will, kann sich Bier in Bügelflaschen zu zwei oder fünf Liter mitnehmen. Ebenso Weißbier im Faß (10 bis 50 Liter). Happy Hour gibt's nicht nur in Bars: Nachmittags zwischen 15 und 19 Uhr ist der Bierpreis variabel. Die lustige „Bierhandelei" beschert dem Gast einen Bierpreis von 1,77 bis 1,99 Mark für alle drei Biersorten.
Aus der Flieger-Küche kommen vornehmlich Enten geflogen – entweder die bayrische Hofente (frisch geschlachtete Ökoente), die ungarische Hausente oder die englische Cherry Valley. Natürlich werden die auf die traditionelle bayrische Art mit Knödeln und Blaukraut zubereitet.
Aber es gibt auch täglich wechselnde Variationen: etwa eine tibetanische Klosterente mit Reis, Gemüse und Soja. Auch Brotzeiten, Salate, Nudelgerichte und Süßspeisen stehen auf der Karte. Und zwecks Gaudium findet täglich eine Papierfliegerschlacht statt und ein großes Hans-Albers-Gedächtnissingen. Bastelbögen und Noten dazu liegen auf den Tischen.
Im Sommer sitzt man natürlich am liebsten auf der Sonnenterrasse oder im Biergarten.

Der Doppeldecker als Wirtshausemblem.

Ein ideales Platzerl ist im Sommer natürlich der Biergarten.

2

Forschungsbrauerei

Perlach

ADRESSE
Forschungsbrauerei Perlach,
Unterhachinger Straße 76,
81737 München-Perlach,
Tel. 089/6701169

ANFAHRT
- S1 Richtung Kreuzstraße bis Perlach, dann ein paar Minuten zu Fuß
- Mit dem Auto vom Zentrum aus Richtung Altperlach/Unterhaching

ÖFFNUNGSZEITEN
Anfang März bis Kirchweihsonntag 11 bis 23 Uhr, Sonn- und Feiertage 10 bis 22 Uhr; Montag Ruhetag

BIER
Export, Bock

ESSEN
Bayerische Schmankerl, Brotzeiten

TIP
Kinderspielplatz

Die Forschungsbrauerei in München-Perlach nimmt in vieler Hinsicht eine Sonderstellung unter den Gasthaus-Brauereien ein. Das fängt schon damit an, daß sie nach Kirchweih den ganzen Winter über geschlossen bleibt. Erst wenn in München um Josefi herum (19. März) die Starkbierzeit offiziell auf dem Nockherberg eröffnet wird, fließt in der Forschungsbrauerei ebenfalls das Frühjahrs-Starkbier, dort St. Jakobus genannt, aus den Lagertanks in die Krüge der sehnsüchtig wartenden Perlacher Fan-Gemeinde, und zwar bereits eine Woche vor dem Salvator-Anstich. So individuell kann sich das halt nur eine kleine Gasthaus-Brauerei leisten.

Ein bisserl „nackert" wirkt er ja, der Biergarten der Forschungsbrauerei. Den Baumschatten müssen eben bei Bedarf die großen Schirme ersetzen.

Der St.-Jakobus-Doppelbock ist nicht nur der stärkste (19,8% Stammwürze), sondern mit seiner schönen Bernsteinfarbe auch der hellste Bock unter den Münchner Starkbieren.
Das selbstgebraute Pilsissimus ist ein helles Exportbier und ebenfalls quasi ein Vermächtnis des Gründers Gottfried Jakob. Er entwickelte einst über 100 Patente in Sachen Bier und verwirklichte in den zwanziger Jahren seinen Traum einer eigenen Forschungsbrauerei. 1926 stellte er in die Brauerei die ersten fünf Tische: Der erste Weg vom Hobby in die Gastronomie.
Mittlerweile führt sein Sohn die Geschäfte, und Diplombraumeister Heinrich Jakob macht es genau umgekehrt wie einst der Herr Papa. Für ihn ist die Gastronomie das Hauptgeschäft. Nur im Winter legt er hin und wieder für andere Brauereien einen Probesud an oder probiert neue Filter aus. Apropos Filter: Den ganzen September über werden der St.-Jakobus-Bock und der Pilsissimus ungefiltert als Zwickelbier ausgeschenkt.
Zu empfehlen ist auch die Küche, es wird im Biergarten und drinnen serviert: Ein hervorragender Obatzter, Surhaxen mit Kraut, Tellerfleisch, Wammerl oder die vielgelobten Hendl.

In der Forschungsbrauerei gibt's das Bier aus Steinkrügen.

Starkbieranstich: Der Name des St.-Jakobus-Doppelbock geht auf den Gründer Gottfried Jakob zurück.

3

Isar-Bräu

Großhesselohe

ADRESSE
Isar-Bräu, Kreuzeckstraße 23, 82049 Großhesselohe, Tel. 089/798961

ANFAHRT
• S7 Richtung Wolfratshausen bis Großhesselohe
• Mit dem Auto von der Wolfratshauser Straße zum S-Bahnhof Großhesselohe

ÖFFNUNGSZEITEN
Täglich 10 bis 24 Uhr

BIER
Weißbier naturtrüb, Schwarzbier und Hofbräuhaus Traunstein

ESSEN
Bayerische Schmankerl, Brotzeiten

TIP
Schweinebraten, Brauerschnitzel, Biergulasch

Vor dem denkmalgeschützten Isartalbahnhof in Großhesselohe hält heute keine Dampflok mehr, dafür aber die S7 München–Wolfratshausen. Und drinnen, hinter der schönen Ziegelfassade, steht auch kein Fahrdienstleiter mehr, sondern ein Braumeister. Der hat eine süffige Stationsweiße, ein kräftiges Schwarzbier und ein leichtes, unfiltriertes Kellerbier im Angebot.

Zu einer urgemütlichen Bräuwirtschaft umfunktioniert wurde der Isartalbahnhof in Großhesselohe. Hier gibt es nicht nur süffige Biersorten, sondern auch sehr empfehlenswerte Gerichte und Schmankerl.

Nur durch eine Glaswand getrennt, mitten im Gastraum, steht die kleine Brauerei. Je nach Bedarf und Verbrauch tritt dann der Braumeister in Aktion.
Die Speisekarte ist bodenständig bayrisch; besonders empfehlenswert sind das Beinfleisch und der Heubraten (eine Spanferkelschulter) für zwei bis vier Personen. Im Sommer wird das alles auch im Biergarten serviert.
Und wer danach noch einen „Absacker" braucht, geht nebenan in den Pavillon, in dem Selbstgebranntes wie Stadiongeist oder eine herrliche Birne ausgeschenkt wird.

4

ADRESSE
Paulaner Bräuhaus, Kapuzinerplatz 5, 80337 München, Tel. 089/530331

ANFAHRT
Mit dem Auto problematisch: Parkplätze Mangelware; besser U3 oder U6 zum Goetheplatz, von dort etwa 300 m auf der Häberlstraße zum Kapuzinerplatz

ÖFFNUNGSZEITEN
Täglich 9 bis 1 Uhr

BIER
Helles, Weißbier

ESSEN
Bayerische Schmankerl, Brotzeiten

Paulaner Bräuhaus

Kapuzinerplatz

Das Schicksal der Thomass-Brauerei steht für viele kleine Münchner Brauereien: Einst ein eigenständiger mittelgroßer Betrieb, dann in wirtschaftliche Schwierigkeiten geraten und schließlich von einer größeren Brauerei geschluckt. Dem Leist-Bräu an der Münchner Freiheit ging's so mit Spaten, dem Unionsbräu in Haidhausen mit Löwenbräu und der Thomass-Brauerei mit Paulaner. Seit 1928 konnte sich der Brauriese vom Nockherberg stolz Paulaner-Salvator-Thomassbräu AG nennen.
1988 – Paulaner war mittlerweile in der Hand des Baulöwen Josef Schörghuber – fragten sich die Herren Vorstände, was man denn mit dem wertvollen Thomassbräu-Areal am Kapuzinerplatz anfangen könnte. Sie wurden schnell fündig. Ein Teil der Fläche wurde mit Büros und einem Einkaufszentrum bebaut, in den alten Gewölben der Brauerei sollte aber wieder Bier hergestellt werden. Seit damals sorgt eine kleine Gasthaus-Brauereianlage dafür, daß

Wie eine trutzige Wirtsburg erhebt sich das traditionsreiche Paulaner Bräuhaus, einst Thomass-Brauerei, am Kapuzinerplatz in München.

▸ DER BESONDERE TIP

Im schönen Biergarten im Innenhof (800 Plätze, davon 500 für Selbstbedienung) während der Sommermonate täglich Büfett, bei dem jedes Essen DM 10 kostet.

es vor dem Arbeitsamt wieder Selbstgebrautes gibt. Immerhin 2500 Hektoliter unfiltriertes Helles und naturtrübes Weißbier muß das Minisudhaus im Jahr produzieren, weil's den Gästen einfach schmeckt. Auch der Preis ist gastfreundlich: 5,60 Mark für die Halbe Helles, das Weißbier kostet 20 Pfennig mehr. Bei der Küche liegt Pächter Christian Vetter voll im bayerischen Trend: Mit seinen Aktionen „Schweinekrustenbraten: wochentags von 10 bis 17 Uhr 9,90 Mark, sonst 17,80 Mark" oder „täglich von 9 bis 11.30 Uhr: Weißwürscht 99 Pfennig pro Stück" hat er sich eine treue Fan-Gemeinde aufgebaut.

Bei der Innenarchitektur ist den Ausstattern ein sonst sehr schwieriger Spagat gelungen: das Zusammenleben zwischen Alt und Neu. Unter den Kreuzgewölben blinkt ein schwarz-weiß karierter Kachelfußboden. Die kupferne Brauanlage sowie die schwarzen Tische werden von modernen Halogenstrahlern beleuchtet. Das hört sich zwar schräg an, wirkt aber nicht so. Denn die Halogenstrahler unterm Kreuzgewölbe werfen auf die Tischplatten ein sanft zentriertes Licht, wie es früher die Kerzen getan haben. Damals, als das Bräuhaus noch Thomass-Bräu geheißen hat.

Herzstück jeder Hausbrauerei ist der kupferne Sudkessel.

Die schlichte, schmucklose Einrichtung paßt sich ausgezeichnet dem altehrwürdigen Gewölbe an.

5

Unions-Bräu

Haidhausen

ADRESSE
Unions-Bräu, Einsteinstraße 42, 81675 München-Haidhausen,
Tel. 089/47677

ANFAHRT
Mit dem Auto ungünstig, da kaum Parkplätze vorhanden; besser U4 oder U5 zum Max-Weber-Platz

ÖFFNUNGSZEITEN
Täglich 11 bis 1 Uhr, Braukeller ab 16 Uhr

BIER
Starkbier Unimator im März, in der Adventszeit dunkler malziger Nikolaus-Bock. In der Gassenschänke zwei Liter Kellerbier im nostalgischen Siphonkrug

ESSEN
Bayerische Schmankerl, Brotzeiten

TIP
Sonntag ab 10 Uhr Frühschoppen

▶ **DER BESONDERE TIP**

Mittwoch und Freitag abends im Kellernebenraum Live-Jazz.

Schon vor rund 100 Jahren wurde in dem traditionsreichen Gebäude Bier gebraut. Ein gewisser Kommerzialrat Schülein gründete 1895 im Haus Einsteinstraße 42 das Unions-Bräu. Als er 1922 mit der Löwenbrauerei und der Münchner Kindl Bräu fusionierte, verschwand der Name zunächst. Bis der Wies'n-Wirt Ludwig Hagn 1990 mit viel Aufwand das historische Gebäude sanierte.
Während nostalgische Gaslampen, alte Bilder und Brauereiutensilien in den Gaststuben die alte Zeit lediglich demonstrieren, wird im Gewölbekeller das Bier tatsächlich noch so hergestellt wie schon vor 100 Jahren. Der Hagn Wiggerl installierte hier eine originale historische Brauanlage. Mit Gerste aus biologischem Anbau und Spitzenhopfen aus Tettnang stellt der Braumeister darin ein ungefiltertes Kellerbier her, das im Holzfaß heranreift und nach entsprechender Lagerzeit noch im Keller frisch gezapft wird. Übrigens: Es ist auch die gesamte Löwenbräu-Palette im Angebot.

Im Gewölbekeller wird das Bier so hergestellt wie vor 100 Jahren.

Für die meisten ist es das Bier, das tagtäglich ein buntes Volk inklusive Politiker aus dem nahen Landtag anlockt (im Sommer auch in den kleinen Wirtsgarten hinterm Haus). Und die umfangreiche bayerische Speisekarte. Der Schweinsbraten ist der absolute Renner oder für besonders Hungrige der gemischte Haxen-Teller. Hervorzuheben wäre auch noch die köstliche, weil hausgemachte Tafelspitzsülze. Und natürlich gibt es für Figurbewußte eine große Salatauswahl. Ebenso natürlich stehen frische Brezen auf dem Tisch. Etwas ungewöhnlicher: die Schüsselchen mit Braugerste zum Knabbern.

In der Münchner Einsteinstraße 42 wurde schon vor 100 Jahren Bier gebraut. Heute verbindet sich beim Unions-Bräu Nostalgie mit modernem Know-how.

In einer originalen historischen Brauanlage werden mit Gerste aus biologischem Anbau und bestem Hopfen Spitzenbiere gebraut.

Oberbayern

Die nördlich von München gelegene Hallertau ist das größte Hopfenanbaugebiet der Welt.

6

Klosterbräustüberl

Andechs

ADRESSE
Klosterbräustüberl Andechs, 82346 Erling/ Andechs, Tel. 08152/ 376281; Klostergasthof, Tel. 08152/1246

ANFAHRT
Autobahn München–Lindau, über Weßling nach Herrsching und weiter über Erling nach Andechs; S5 bis Herrsching; danach entweder mit dem Bus nach Andechs oder $^{3}/_{4}$ Stunden Fußwanderung durchs Kiental

ÖFFNUNGSZEITEN
Täglich 10 bis 20 Uhr; Bräustüberl im Januar geschlossen

BIER
Spezial Hell, dunkler Doppel-Bock, Weißbier

ESSEN
Bayrische Brotzeiten (Selbstbedienung); mittwochs, donnerstags, samstags, sonntags und an Feiertagen gibt's die berühmten Schweinshaxen und Grillrollbraten, freitags Weißwürste

TIP
Kinderspielplatz und Minigolf am Fuße des „heiligen Berges"

Das Bier und der liebe Gott sind auf dem „heiligen Berg" kein Widerspruch. Das beweist beispielsweise folgender Dialog zwischen einem amerikanischen Studenten und dem ehemaligen Cellerar des Klosters Andechs, Pater Daniel:
Student: „Pater, wie läßt sich denn Kirche und Bier beziehungsweise Glaube und Alkoholgenuß miteinander vereinbaren?" – Pater Daniel, schlagfertig: „Bei Euch gibt's den berühmten ‚American way of life', und das hier ist eben der ‚Bavarian way of life.'"
Diesen ganz speziellen Weg schlagen an einem schönen Sommerwochenende oft Tausende von Leuten ein – meist zu viele. Man-

Das barocke Innere der Marienwallfahrtskirche lohnt einen Blick.

che von ihnen halten sich dabei an den Ritus: Zuerst in der wunderschönen Wallfahrtskirche eine Kerze anzünden und danach im Einklang mit Gott sich wieder beruhigt den weltlichen Dingen zuwenden – sprich eine frische Maß Bier trinken, ein Stückerl Andechser Käse essen oder sich etwas aus dem reichhaltigen Angebot an Fleisch- und Wurstwaren aus der hauseigenen Metzgerei schmecken lassen.
Im etwas tiefer gelegenen Klostergasthof oder im baumbestandenen Wirtsgarten (schöner Blick nach Erling) kann man in Ruhe bayerische Gerichte auswählen.
Seit ein paar Jahren brauen die Benediktinermönche (beziehungsweise der weltliche Braumeister) auch ein Weißbier. Mir schmeckt am besten das Spezial Hell. Der dunkle Doppel-Bock ist dagegen etwas für Leute, die gern die Englein singen hören wollen.

Aus dem alten Sudhaus fließt seit einigen Jahren ein süffiges Weißbier.

7

Schloßbräukeller Au-Hallertau

Au

ADRESSE
Schloßbräukeller Au-Hallertau, Schloßgasse 4, 84072 Au, Tel. 08752/9822 oder 7631

ANFAHRT
Autobahn München–Nürnberg, Ausfahrt Pfaffenhofen

ÖFFNUNGSZEITEN
Mittwoch und Donnerstag ab 17 Uhr, Freitag bis Sonntag 11 bis 24 Uhr; Montag und Dienstag Ruhetage

BIER
Helles, Dunkles, naturtrübes Kellerbier, Weißbier

ESSEN
Bayerische Braten, Buffet

TIP
Für geschlossene Gesellschaften altes Sudhaus mit der größten Sammlung von Brauerei-Emailschildern in Bayern

▸ DER BESONDERE TIP

Ritteressen nach Vereinbarung (großes, lustiges Fressen mit den Händen und mit Musik, DM 45 pro Person).

Sanfte Hügel, Wiesen und Äcker, Zwiebeltürme und natürlich Hopfengärten – das kann nur die Hallertau sein. Mittendrin die Schloßbrauerei Au – für mich das lohnendste und schönste Brauerei-Gasthaus in der ganzen Gegend.

Seit 1846 gehören Brauerei und Schloß den Freiherren Beck von Peccoz. Die heutigen Bierbarone Eugen und Michael von Beck haben aus der Brauerei einen Musterbetrieb gemacht: Modernste Technik sorgt für gleichbleibend hohe Qualität beim Brauen. Ein eigener Hopfengarten gehört zum Betrieb. Als erste Brauerei Deutschlands hat die Schloßbrauerei von der Centralen Marketinggesellschaft der Deutschen Agrarwirtschaft (CMA) das Gütezeichen für außergewöhnliche Qualität erhalten.

Mit dem Schloßbräukeller, früher die Malztenne, hat sich zudem wohl das schönste Lokal der Region etabliert. „Gepflegte Gastronomie ist die beste Werbung für unsere Biere“, sagen die von Beck.

Mächtige Kastanien beschatten den lauschigen Biergarten des Schloßbräukellers.

So entstand unter der weitgespannten Bogendecke eine stilvolle Gaststätte mit einem schönen Garten davor.
Obwohl die Brauerei diverse Biersorten herstellt, wird nur ungefiltertes, naturtrübes Bier (hell und dunkel) ausgeschenkt. Entsprechend hochwertig ist auch das Angebot aus der Küche. Hier die Spezialitäten: Im Winter gibt's samstags ein herrliches Kesselfleisch; von April bis September Samstag mittags resche Schweinshaxen, alles zu familienfreundlichen Preisen. Gastwirt und Metzgermeister Alois Bösel wurde vom Bayerischen Landwirtschaftsminister zu Recht für herausragende bayrische Küche geehrt.

Schloß Au in der Hallertau gehört den Freiherren von Beck. Sie beschränken sich jedoch nicht nur aufs Residieren, sondern verstehen eine ganze Menge von Bierbrauen und modernem Marketing.

Genauso gepflegt wie die hausgebrauten Biere ist auch die Gastronomie im stilvollen Ambiente des alten Sudhauses, die allerdings leider nur geschlossenen Gesellschaften vorbehalten bleibt. Als Wanddekoration dürfen auch andere Brauereien zu Wort kommen; man braucht die Konkurrenz nicht zu scheuen.

8

Klosterbräustüberl

Au am Inn

ADRESSE
Klosterbräustüberl,
83546 Au am Inn,
Tel. 08073/1209

ANFAHRT
Zwischen Wasserburg und Mühldorf bzw. München und Mühldorf auf der B12 nach Haag und Gars am Inn

ÖFFNUNGSZEITEN
Ganzjährig täglich geöffnet

BIER
Märzen, Dunkles, Export, Weißbier

ESSEN
Brotzeiten

TIP
Sehenswerte barocke ehemalige Augustinerchorherrenstifts- und heutige Pfarrkirche St. Maria; großer Kinderspielplatz

Als ein „Traum von einem Bräustüberl" wurde es schon schwärmerisch beschrieben. Was daran liegen mag, daß die Zeit hier noch ein bisserl mehr stehengeblieben ist als in vergleichbaren Wirtshäusern. Wären die Augustinermönche 1803 nicht durch die Säkularisation aus dem Kloster Au am Inn vertrieben worden, würden sie dort vermutlich heute noch an der Sudpfanne stehen. Später holte man die Ordensleute dann wieder ins Kloster zurück, diesmal in Gestalt von Franziskanerinnen, die hier heute ein Internat für geistig behinderte Kinder betreiben.
Mit Brauerei und Bräustüberl haben sie jedoch nichts mehr zu tun, die gehören der Familie Gassner. Platz für alle ist in der riesigen Klosteranlage auf der Innschleife aber genug. Das Bräustüberl ist von unqualifizierten Umbauten verschont geblieben, hat nichts Aufgebrezeltes oder Überkandideltes, sondern ist eine einfache, ehrliche und gute Wirtschaft mit passender Speisekarte. Im Sommer kann man es sich wunderschön im Hof unter den großen Kastanien gemütlich machen.
Die Bierspezialität des Hauses ist ein dunkles Export. Das Wichtigste daran ist, daß der Gassner Toni sein Bier nicht mit Lebensmittelfarben nachfärbt, sondern mit stärker gedarrtem Malz einbraut. Das Weißbier stammt zwar nicht aus dem Haus, aber ebenfalls von einer kleinen Landbrauerei.

Klein und urgemütlich ist das Klosterbräustüberl in Au am Inn. Wenn einmal weniger los ist, liest hier auch der Wirt Toni Gassner gern seine Zeitung.

Rechte Seite:
Hubert Gassner, der Juniorchef, überwacht den Sud. Bis 1803 brauten in Au am Inn Augustinermönche das Bier.

9

Brauerei-Gasthof und -Schänke

Aying

ADRESSE
Brauerei-Gasthof Aying, Zornedinger Straße 2, 85653 Aying, Tel. 08095/705; Brauerei-Schänke, Tel. 08095/1345

ANFAHRT
Autobahn München–Salzburg, Ausfahrt Hofolding, weiter über Hofolding und Faistenhaar nach Aying; S1 zum Bahnhof Aying

ÖFFNUNGSZEITEN
Täglich 7 bis 23 Uhr, warme Küche 11.30 bis 14.30 Uhr und 18 bis 21.30 Uhr

BIER
Helles, Dunkles, Weißbier

ESSEN
Bayrische Schmankerl, Brotzeiten; im Brauerei-Gasthof gehobene bayrische Küche

TIP
Zweite Woche nach Pfingsten Volksfest mit Jazzmusik; Ayinger Heimathaus von Ostern bis 31. Oktober geöffnet

▸ DER BESONDERE TIP

Zweites Oktoberwochenende Ayinger Bräukiste mit Tag der offenen Tür und Ochsenrennen.

„Ach Aying“, seufzt der Chronist, „so muß ein Brauerei-Gasthof sein.“ Obwohl, genau genommen sind es sogar zwei Wirtschaften, die den Ortskern des Dorfes 25 Kilometer vor München beherrschen. Auf der einen Seite der gehobene, aber keineswegs abgehobene Gasthof, schräg gegenüber die schlichtere Brauerei-Schänke, beide natürlich versehen mit veritablen Gärten.

Seit 1878 wird in Aying Bier gebraut, in sechster Generation hat die Familie Inselkammer das Geschäft jetzt in der Hand. Besonderen Wert wird auf das Dunkle gelegt, ein Bier Altmünchner Art. Was nur durch die eigene Mälzerei möglich wird. Eine Standleitung – in der natürlich auch naturtrübes Helles fließt – versorgt die Gaststätten mit frischem Naß aus der benachbarten Brauerei. Weißbier kommt aus der Flasche, wie es sein muß.

Die Brauerei-Schänke ist eher was für Ausflügler und Familien. So lautet auch die Devise des Bräus, Franz Inselkammer. Entspre-

Das Bierdorf Aying vor den Toren Münchens ist immer einen Ausflug wert. Dabei zieht es die Besucher vor allem in die Brauerei-Schänke mit Riesenbiergarten.

chend sind Angebot und Preisgestaltung: Deftige Brotzeiten, ein perfekter Schweinsbraten in dunkler Biersoße (zart und mit krachender Kruste), mürbes Ochsenfleisch mit frischem Kren, resche Brezen und eine Maß werden am besten im Biergarten unter Kastanien, Linden und Eschen verzehrt. Denn der hat dieses unerklärliche Flair, das einen guten Biergarten auszeichnet: Sobald man am Tisch sitzt, ist der Alltag automatisch vergessen und ein paar Stunden Urlaub beginnen.

Aber auch drinnen läßt sich's aushalten. Unter dem schönen Gewölbe haben gut 300 Leute Platz. Die Gaststube wurde erst 1994 renoviert.

Auf der anderen Seite des Platzes liegt der Brauerei-Gasthof, ein echtes Schmuckstück. In der dunkel getäfelten Gaststube werden auch Leute mit höheren Ansprüchen zufriedengestellt. Küchenchef Josef Rampel hat – mit eigener Metzgerei – nicht nur das Bodenständig-Bayerische im Griff. So serviert er auch Hirschschinken mit Waldpreiselbeeren oder frische Forelle, Kalbskopf-Ragout mit Morcheln in Königinpastete und und und. Hinterm Haus ist noch ein wunderschöner Biergarten versteckt.

Der Wirtshausausleger (oben) und ein „natürlicher Rasenmäher" (unten) des Brauerei-Gasthofs Aying südöstlich von München.

10

Klosterbräustüberl

Baumburg

ADRESSE
Klosterbräustüberl Baumburg, 83352 Altenmark an der Alz, Tel. 08621/5155

ANFAHRT
B 304 München – Wasserburg

ÖFFNUNGSZEITEN
Täglich 10 bis 24 Uhr

BIER
Helles, Weißbier

ESSEN
Gehobene bayerische Küche

TIP
Sehenswert die ehemalige Augustinerklosterkirche St. Margaretha gleich beim Bräustüberl und im nahen Rabenden die gotische St.-Jakobs-Kirche

▶ **DER BESONDERE TIP**

Am ersten Samstag im Juli Sommerfest; am ersten Samstag im August Brauereifest (eigenes Märzen).

Die Baumburg ist zwar schon vor 800 Jahren in ein Augustinerchorherrenstift umgewandelt worden, aber Namen sind eben langlebig. Dafür dürfte die Baumburg die einzige Burg sein, die ein Klosterbräustüberl besitzt. Noch dazu ein sehr gemütlich und stimmungsvoll eingerichtetes. Betrieben wird es von Maria Schuhbeck, der Kusine des umtriebigen Alfons Schuhbeck.
Die ambitionierte Speisekarte läßt die Verwandtschaft erkennen, obwohl Maria durchaus, wie sie sagt, ihre eigenen Vorstellungen hat. So stehen da neben bodenständigem Essen auch Dinge auf der Karte wie Trüffelkrabben mit Spinat in Thymianrahm. Das hätten die Pilger, die früher auf dem Jakobsweg hier Rast gemacht haben, sicher auch gern gehabt.
Die Gäste laben sich heute neben den Speisen auch am Klosterhell oder der Klosterweißen, die gleich nebenan von der Brauerei Johann Dietl fabriziert werden.

Das Klosterbräustüberl Baumburg macht zwar von außen wenig her, drinnen ist's dagegen urgemütlich.

Rechte Seite:
Vis-à-vis steht die ehemalige Augustiner Chorherrenstiftskirche St. Margaretha, „der größte und glänzendste einheitliche Rokokobau des ganzen Chiemgaus".

11 Brauerei-Gasthof Goldener Hahn

Beilngries

ADRESSE
Privater Brauerei-Gasthof Goldener Hahn, Hauptstraße 44, 92339 Beilngries, Tel. 08461/419281

ANFAHRT
Autobahn München–Nürnberg, von München Ausfahrt Denkendorf, von Nürnberg Ausfahrt Altmühltal

ÖFFNUNGSZEITEN
Täglich 7 bis 24 Uhr; am 24. Dezember geschlossen

BIER
Pils vom Faß

ESSEN
Mehlspeisen, Wildgerichte, Kochen mit Bier

TIP
Schiffahrt auf der Altmühl; Wander- und Radwege durchs Altmühltal

Beilngries ist ein kleiner idyllischer Ort im Altmühltal und nicht gerade das, was man eine Metropole nennt. So gibt es hier nur ein einziges Kino, und das betreibt seit 1956 die jetzt 72jährige Anita Schattenhofer. 320 Plätze hat dieses Lichtspielhaus, in dem heute nur mehr an Wochenenden und Feiertagen Filme vorgeführt werden, wobei die meisten Stühle leer bleiben.
Das ist auch der Grund, warum Anita Schattenhofer ernsthaft mit dem Gedanken spielt, darin Tagungsräume einzurichten.
Schade für die jungen Leute auf dem Land. Und schade um diese ländliche Idylle.

Beilngries ist ein hübscher kleiner Ort im Altmühltal. Weithin sichtbar ragt der Wirtshausausleger des Brauerei-Gasthofs Goldener Hahn in die enge Hauptstraße mit ihren spitzgiebeligen Häuserfassaden hinein.

Warum das alles hier erzählt wird? Nun, das Kino ist eigentlich ein Anbau, der zum Brauerei-Gasthof und Hotel Goldener Hahn gehört. Der Eingang liegt quasi zwischen Schänke und Rezeption. Und in dieser Wirtschaft hat Anita Schattenhofers Mann Franz das Bier gebraut, bis er gestorben ist. Neben dem Kino werkelt seine Witwe auch heute immer noch in der Gaststube, zumindest am Abend. Das Sagen hat inzwischen Tochter Elisabeth, ihres Zeichens Braumeisterin, Hotelfachfrau und Köchin.
Die Wirtschaft ist seit 400 Jahren ein Familienbetrieb, grundsolide und ohne überflüssigen Schnickschnack. Ums Bier kümmert sich inzwischen allerdings ein eigener Brauer.
Die Speisekarte bietet eine große Auswahl an bayrischen und überregionalen Gerichten. „Würstl können die Leut' auch daheim essen“, sagt Anita.

Die Seniorchefin vom Goldenen Hahn, die 72jährige Anita Schattenhofer, betreibt neben dem Brauerei-Gasthof auch ein Kino. Was sie aber nicht davon abhält, auch in der Gaststube tatkräftig mitzuhelfen.

12 Chiemseebräu

ADRESSE
Chiemseebräu, Gewerbestraße 1a, 83355 Grabenstätt, Tel. 08661/929922

ANFAHRT
Autobahn München–Salzburg, Ausfahrt Grabenstätt; weiter zum Ortsrand Richtung Chieming

ÖFFNUNGSZEITEN
Montag bis Samstag 11 bis 1 Uhr, Sonntag 9 bis 19 Uhr

BIER
Weißbier, Weißbierbock, Braunbier

ESSEN
Brotzeiten, bayrisches Buffet

TIP
Wassersportmöglichkeiten am Chiemsee, Wandern und Radeln (z.B. Chiemsee-Rundweg)

Grabenstätt

Sieht man das Wirtshausemblem nicht zufällig an der Hauswand oder den Sudkessel durchs Fenster blitzen, man würde in diesem neugebauten Haus keine Gasthaus-Brauerei vermuten: Der Chiemseebräu in Grabenstätt sieht aus wie ein Einfamilienhaus auf der grünen Wiese. Tritt der Gast aber ein, so findet er sich in einer gemütlichen, urig gemachten Wirtschaft wieder. Dunkle Holzdecke, heller Holzfußboden, blanke Tischplatten und alte Brauereiutensilien vermitteln das Flair der guten alten Zeit.
Die zwei jungen Betreiber, Joachim Felber und Oliver Lang, beide gelernte Brauer, haben das Sudwerk nicht nur aus dekorativen

Der Sudkessel in der Wirtsstube des Chiemseebräu. Gäbe es gläserne Sudkessel, so könnte der Gast zusehen, wie darin sein Bier entsteht.

Gründen in die Wirtsstube gestellt. Sie brauen damit seit Herbst 1994, als sie sich hier ihren Traum von der eigenen Gasthaus-Brauerei erfüllten, ein vorzügliches Weißbier. Sie machen nur obergärige Biere, also Weißbier, Weißbierbock und ein Braunbier. „Würden wir auch untergärige Biere brauen", sagt Joachim Felber, „müßten wir mit tieferen Temperaturen arbeiten, und das wäre baulich gesehen zu teuer geworden."
Daß die beiden Wirte mit ihrer Brauerei und dem Weißbier – natürlich und ungefiltert – voll im Trend liegen, ist ihnen bewußt. „Die Leute wollen wissen, was in ihrem Getränk drin ist." Und in so einer Wirtschaft wie dem Chiemseebräu kann man quasi zusehen, wie der Haustrunk entsteht.
Vom Bier allein lebt natürlich keiner. Deswegen lockt ein Büfett mit Brotzeiten vom Leberkäs über Braten bis zu Salaten.

Der Chiemsee (hier bei Chieming) ist ein idealer Ausflugssee – im Sommer zum Baden und von Frühjahr bis in den Spätherbst hinein zum Wandern und Radeln. Rund um den See verläuft der ausgeschilderte Chiemsee-Radwanderweg.

13

Herrmannsdorfer Schweinsbräu

Herrmansdorf

ADRESSE
Wirtshaus zum Herrmannsdorfer Schweinsbräu, Herrmannsdorf 7, 85625 Glonn, Tel. 08093/909445

ANFAHRT
Von München-Neuperlach über die Landstraße nach Putzbrunn und weiter nach Glonn, von da etwa 2 km nach Hohenthann, bei den Kunstkühen links abbiegen

ÖFFNUNGSZEITEN
Täglich 12 bis 14 Uhr und 18 bis 1 Uhr, warme Küche bis 22 Uhr; Montag und Dienstag Ruhetage

BIER
Helles, Dunkles, Bock

ESSEN
Gehobene bayrische Küche

TIP
Mitte Juni Hoffest mit Tag der offenen Tür

▶ DER BESONDERE TIP

Alle Öko-Produkte inklusive Bier können in den Landwerkstätten erworben werden (geöffnet Dienstag bis Freitag 9 bis 18 Uhr, Samstag 9 bis 13 Uhr).

Wer von München über Ebersberg hinausfährt und ein wenig östlich von Glonn auf zwei hölzerne Rindviecher stößt, die auf der Weide stehen, kann beruhigt werden: Es sind keine durchgegangenen Nerven oder ein mittelschweres Delirium, was für Verwirrung sorgt: Die Kunstviecher stehen wirklich da; sie sind Teil eines Gesamtkunstwerks: der Hermannsdorfer Landwerkstätten.

Hier hat sich der Millionär Karl Schweisfurth eine Vision verwirklicht. Bis 1987 war er Chef der Megawurstkuchl Herta Wurst. Bis er eines Tages den ganzen Konzern verkaufte und künftig zwar seinem Metier treu bleiben, aber völlig andere Wege gehen wollte – mit einem Öko-Bauernhof.

Der Rest ist Legende. Innerhalb von acht Jahren hat der Ex-Industrielle in Herrmannsdorf ein Öko-Paradies aufgezogen, das seinesgleichen weltweit sucht. Die Schwäbisch-Hallischen Säue suhlen sich im Schlamm, die Hühner werden in keine Lege-

batterien gepfercht, sondern scharren auf dem Hof, und die schottischen Hochlandrinder fühlen sich im Voralpenland wie daheim. Die Produkte dieses Paradieses auf Erden müssen natürlich verwertet werden. Was bietet sich dafür besser an, als die alte Tenne des Gehöfts in ein hochmodernes, aber trotzdem uriges Gasthaus zu verwandeln? Daß dieser Widerspruch in sich nicht bloß Realität wurde, sondern richtig gemütlich, konnte nur ein kongenialer Spinner verwirklichen. Schweisfurth fand ihn im Witzigmann-Schüler Karl Ederer.

Der gebürtige Oberpfälzer hat sich in seinem Münchner Gasthaus Glockenbach nicht nur einen Michelin-Stern, sondern auch noch eine eingeschworene Fan-Gemeinde erkocht. Als er von Schweisfurths Vorschlag hörte, war er sofort Feuer und Flamme. Zusammen mit seinem Partner Thomas Thielemann ließ er in der alten Tenne ein großzügiges Gasthaus entstehen: Alte Räume, riesig hoch, ohne Zwischenwände, mit einer offen einsehbaren Küche und moderner Malerei an den Wänden.

Dazu – stilgerecht – altbewährte Küche, neu verpackt: Blutwurst auf gerösteten Kartoffelscheiben, Kalbskutteln mit Gemüse-

Eine sehr naturalistische Darstellung geschlachteter Schweine ziert das Gastzimmer des Schweinsbräu.

Die „glücklichen" Herrmannsdorfer Schweine. Zwar landen sie früher oder später auch in der Wurst oder als Schnitzel auf dem Teller des Gastes im Wirtshaus zum Herrmannsdorfer Schweinsbräu – aber wenigstens hatten sie zuvor ein schönes, artgerechtes Leben.

Sogar Bügelflasche und Glas sind in Herrmannsdorf mit einem Schwein verziert.

Julienne, Ochsenbackerl in Rotweinsauce und und und ... Daß dieser Luxus seinen Preis hat, ist klar. Der Schweinsbraten (saftig mit trotzdem krachender Kruste) kostet beispielsweise 26 Mark.

Der unheilbare Herrmannsdorf-Virus hat nicht nur bei Karl Ederer zugeschlagen. Auch einen Seiteneinsteiger hat's voll erwischt: Nikolas Starkmeth war Kameramann und drehte für einen regionalen Fernsehkanal eine Dokumentation über Herrmannsdorf. Wahrscheinlich haben ihm die urigen Holzbalken dort so gut gefallen, daß er seine Kamera an einen Nagel hängte und – nachdem er bei der Neumarkter Lammsbräu eine Brauerlehre absolvierte – als Öko-Biersieder im Paradies einstieg.

Dort werden aus Öko-Gerste und Öko-Hopfen die untergärigen Biere Hell und Dunkel gebraut (außerdem im Mai ein Maibock und zu Weihnachten – nomen est omen – ein Nikolausbock), die keinen langen Transport zu fürchten haben: Die Braustätte liegt direkt neben dem Wirtshaus.

Wer vom Gastraum einen Blick durch die Brauerei riskiert, sieht vor den großen Glasfenstern, wie sich die Sauen suhlen. Daher auch der Name: Wirtshaus zum Herrmannsdorfer Schweinsbräu.

Nikolas Starkmeth ist seit einigen Jahren ein überzeugter Öko-Brauer.

Rechte Seite:
Karl Schweisfurth, früher Chef von Herta Wurst, realisiert seit 1987 in Herrmannsdorf seinen Traum vom Öko-Paradies.

14

Landgasthaus Mühlfeldbräu

Herrsching

ADRESSE
Landgasthaus Mühlfeldbräu, Mühlfeld 13, 82211 Herrsching, Tel. 08152/5578

ANFAHRT
Autobahn München–Lindau, über Weßling nach Herrsching; S 5 München–Herrsching und Fußweg am See entlang zum südlichen Ortsende

ÖFFNUNGSZEITEN
Täglich 10 bis 24 Uhr

BIER
Naturtrübes Hefeweizen, Mühlfelder Spezial; im Winter Bierpunsch

ESSEN
Renken aus dem Ammersee, nach Jahreszeit Wild und Raclette

TIP
Wassersportmöglichkeiten auf dem Ammersee

▶ **DER BESONDERE TIP**

Eine Fahrt mit dem historischen Raddampfer auf dem Ammersee.

Im Landkreis Starnberg gibt es vieles und das meist reichlich. Nur Brauereien sind ausgerechnet hier, in einem der Paradegebiete des Oberlandes, dünn gesät. Um so erfreulicher, daß sich jüngst am Ammersee der Mühlfeldbräu etabliert hat. Erfreulich auch, daß er von einem bekannten Gastronomieführer mit der „Roten Lilie“ ausgezeichnet wurde. Was bedeutet: eine rundum zufriedenstellende gastronomische Leistung, freundlicher Service und günstige Preise.
Noch dazu paßt die Wirtschaft mit ihrem Landhausstil auch baulich in die noch immer bäuerlich geprägte Landschaft. Hinterm Haus ein Kleintiergehege, ein Teich und ein Minimühlrad. Davor der Wirtsgarten, schön ruhig, mit jungen Kastanien und schönen weißen Sonnenschirmen ohne lästigen Werbeaufdruck.
Die Leute aber kommen vorwiegend des Bieres wegen. Zwei schmackige Sorten werden gebraut: Helles und Weißbier. Das Wasser dazu stammt aus einer Andechser Quelle.

Alten Traditionen verbunden zeigt sich der Mühlfeldbräu mit seinem schönen Maibaum.

Rechte Seite:
Im Landhausstil errichtet und mit einem hübschen Wirtsgarten davor überzeugt das Landgasthaus Mühlfeldbräu schon von außen.

15

Schloßbrauerei Kaltenberg

Kaltenberg

Adresse
Bräustüberl Schloß Kaltenberg, 82269 Geltendorf/ Kaltenberg, Tel. 08193/ 6828

Anfahrt
S4 München – Geltendorf, 1/2 Std. auf schönem Wanderweg nach Kaltenberg

Öffnungszeiten
Freitag bis Mittwoch 10–22 Uhr; Donnerstag Ruhetag

Bier
Weißbier, Helles, Pils, König-Ludwig-Dunkel

Essen
Deftige bayrische Küche, durchgehend warme Küche

Tips
Im ehemaligen Stadel Ritterschwemme mit Biergarten (im Winter geschlossen) Tel. 08193/7575; von März bis November an jedem 2. und 4. Samstag Kunst- und Antiquitätenmarkt

G'suffa ham's und des net wia,
aus de Eimer Wein und Bier,
ham's dann ois z'ammg'suffa g'habt,
dann san's unter'm Tisch drunt g'flackt.
Ja, so warn's, ja, so warn's, de oiden Rittersleit.

Genauso wie in dem Lied des legendären Komikers Karl Valentin ist es heute nicht mehr, auch wenn einmal im Jahr in Kaltenberg Ritterspiele stattfinden.
Aber auch in der ritterfreien Zeit ist ein Ausflug nach Schloß Kaltenberg eine schöne Sache. 40 Kilometer westlich von München betreibt Prinz Luitpold von Bayern, Urenkel des letzten bayrischen Königs Ludwig III., eine florierende Brauerei. Es war auch ein Wittelsbacher, Herzog Wilhelm IV., der im Jahre 1516 das bis heute gültige Reinheitsgebot für Bier erließ. Über 200 Jahre hatten

Im Sommer hält das Mittelalter Einzug in Kaltenberg: italienische Gäste bei den Ritterspielen im Juli.

die Monarchen das Monopol, Weißbier zu brauen. Heute muß Prinz Luitpold gegen eine große Konkurrenz antreten – mit Erfolg. Seine drei Weißbiere sind exzellente Vertreter dieser speziell bayrischen Biergattung. Doch das berühmteste Gebräu aus Kaltenberg ist das König-Ludwig-Dunkel. Es wird traditionell im Drei-Maische-Verfahren gebraut und durch intensive Werbung bis nach China und in die USA verkauft. Im Bräustüberl gibt's dazu deftige bayrische Brotzeiten und warmes Essen. Je nach Saison stehen dann Wild oder Fisch und natürlich ein guter Schweinsbraten auf der Speisekarte.

▶ DER BESONDERE TIP

Im Sommer Ritterspiele in den ersten drei Wochen im Juli.

Der Biergarten der Schloßbrauerei Kaltenberg zieht im Sommer jung und alt an.

Das König-Ludwig-Dunkel ist das begehrteste Produkt aus dem Hause Kaltenberg.

16

Schloßwirtschaft

Maxlrain

ADRESSE
Schloßwirtschaft Maxlrain, 83104 Tuntenhausen-Maxlrain, Tel. 08061/8342

ANFAHRT
Autobahn München–Salzburg, Ausfahrt Bad Aibling, von dort westwärts Richtung Bruckmühl/Weihenlinden und noch davor nordwärts nach Maxlrain

ÖFFNUNGSZEITEN
Mittwoch bis Sonntag 10 bis 24 Uhr, Montag 10 bis 14 Uhr; Dienstag Ruhetag, Mitte Dezember bis Mitte Januar geschlossen

BIER
Aiblinger Schwarzbier, Pils, Helles vom Faß, Weißbier

ESSEN
Gehobene bayrische Küche

TIP
Sehenswert sind die nahegelegenen Kirchen in Weihenlinden, Beyharting und Tuntenhausen

Ein Geheimtip ist sie ehrlich gesagt nicht mehr, die Schloßwirtschaft Maxlrain, sondern seit langem ein beliebtes Ausflugsziel. Jedoch ist sie weit genug von München weg, um nicht allzusehr überlaufen zu sein. Unter der Woche ist es allerdings noch wirklich ruhig. Die einzigen Auswärtigen sind Reisende und Vertreter, die in der Gegend zu tun haben. Im Sommer lockt ein schöner, ruhiger und schattiger Biergarten.
Durchs efeubewachsene Gittertor sieht man daneben das im Renaissancestil erbaute Schloß der Grafen von Hohenthal und Bergen, die auch die Besitzer der Schloßbrauerei sind. Diese liegt gleich gegenüber der Wirtschaft, und das Alter merkt man ihr nur äußerlich an. Drinnen sorgt der Computer für die richtige Herstellung des Gebräus.
Und das nicht schlecht: Das Urbayerische Hefeweizen ist in den vergangenen Jahren mehrmals mit dem Großen DLG-Preis ausge-

Links geht's nach Bad Aibling, rechts nach Tuntenhausen – und geradeaus direkt in den lauschigen Biergarten der Schloßwirtschaft Maxlrain.

zeichnet worden. Jüngste Biererrungenschaft der Maxlrainer: Seit Juni 1995 wird nach altem Rezept auch ein Schwarzbier gemacht. Dazu kocht drüben im Gasthaus der Wirt und Küchenchef Hubert Impler bodenständig bayrisch auf – zumindest mittags. Die Abendkarte ist wie das Publikum, nämlich differenzierter (der nahe Golfplatz macht sich auch hier bemerkbar). Chiemseefisch oder Wild aus der eigenen Jagd stehen dann auf der Karte.
Ein Kuriosum in Maxlrain ist die Freiluftkegelbahn. Der örtliche Schützenverein läßt hier jeden Freitagabend und Sonntagmittag die Kugeln rollen.

Der Name des im Renaissancestil erbauten Schloßes Maxlrain geht auf das im Mittelalter mächtige Grafengeschlecht der Maxlrainer zurück. Heute ist es im Besitz der Grafen von Hohenthal und Bergen.

Den Schloßherren gehören auch die Brauerei und die Schloßwirtschaft. Hier kocht der Küchenchef sowohl bodenständig bayrisch als auch ein bisserl extravagant, letzteres speziell für die Mitglieder des Golfclubs gleich vis-à-vis.

17

Klosterbräustüberl

Reutberg

ADRESSE
Klosterbräustüberl Reutberg, 83678 Sachsenkam, Tel. 08021/8686

ANFAHRT
B13 Holzkirchen–Bad Tölz, Ausfahrt Sachsenkam oder A8 München–Salzburg, Ausfahrt Holzkirchen

ÖFFNUNGSZEITEN
Täglich 9 bis 24 Uhr; ganztags warme Küche

BIER
Helles, Dunkles, Weißbier, Bock

ESSEN
Bayerische Schmankerl, Brotzeiten, Kuchen

TIP
Sehenswerte spätbarocke Reutberger Klosterkirche; Ende August Hoffest; am letzten Septemberwochenende Reutberger Geigentage

Die Stufen zum Reutberger Klosterhügel hinauf schaffen selbst Fußkranke und Kurzatmige. Oben werden sie dann mit einer wunderschönen Terrasse belohnt. Unter den Kastanien läßt sich's bei einer deftigen Brotzeit oder einem Surhaxerl trefflich über die liebliche Voralpenlandschaft blicken. Die Münchner Hausberge wie Brauneck, Wallberg oder Rotwand liegen Reutberg quasi zu Füßen. Oder umgekehrt.
Und drinnen in der Schwemme – wie die gesamte Gaststätte Anfang 1995 renoviert – sitzen beileibe nicht nur Touristen. Wer ein bißchen die Ohren aufsperrt, kann Zeuge eines leidenschaftlichen Diskurses über Kettensägen oder andere Fachfragen der heimischen Land- und Forstwirtschaft werden.
Früher führten hier Franziskanerinnen das Regiment, auch beim Brauen. Heute kommt das Bier von einer Genossenschaftsbrauerei, und die liefert ein spritziges Kloster-Weißbier, Helles und Dunkles vom Faß sowie den Josefi-Bock (nach Meinung der Kettensägenexperten der beste Bock überhaupt).
Wer sich die so zugeführten Kalorien wieder abtrainieren will: Im Sommer reizen ruhige Forststraßen ringsum zum Wandern und Radeln und der romantische Kirchsee zum Baden. Im Winter führt die Langlaufloipe zwischen Bad Tölz und Sachsenkam direkt am Klosterberg vorbei.

Ein wahrer Sonnenbalkon ist die Biergartenterrasse des Reutberger Klosterbräustüberls.

Rechte Seite:
Nördlich von Bad Tölz erhebt sich der Reutberger Klosterhügel mit der schönen Marienwallfahrtskirche.

▶ DER BESONDERE TIP

Im März um Josefi (19.3.) fünf Tage lang Starkbierfest mit Musik im Zelt.

18

Herzogliches Bräustüberl

Tegernsee

ADRESSE
Herzogliches Bräustüberl Tegernsee, Schloßplatz 1, 83684 Tegernsee, Tel. 08022/4141

ANFAHRT
Autobahn München–Salzburg, Ausfahrt Holzkirchen, weiter auf der B319 nach Tegernsee

ÖFFNUNGSZEITEN
Täglich 9 bis 23 Uhr; im November geschlossen

BIER
Helles, Dunkles, Bock, Leicht-Bier

ESSEN
Brotzeiten

TIP
Sehenswerte barocke Tegernseer Pfarrkirche St. Quirinus gleich neben dem Bräustüberl; im Sommer wie im Winter vielfältige Sport- und Freizeitmöglichkeiten auf dem See und in den Bergen ringsum

Diese Wirtschaft kennt man bis hinauf nach Flensburg und bis hinunter nach Verona. Was daran liegen mag, daß das Gebiet um den Tegernsee nicht nur ein beliebtes Ganzjahresausflugsziel der Münchner ist, sondern auch eine der bevorzugten Urlaubs- und Zweithausregionen Deutschlands. Und wer nicht im Bräustüberl war, ist nicht am Tegernsee gewesen.

Das Bräu, wie es genannt wird, ist das, was man eine typische Bierschwemme nennt: zwei schmucklose Gewölbesäle (plus Nebenzimmer), grobe Tische und Bänke. Das Leben wird reduziert auf Trinken und Ratschen, und entsprechend ist der Lärmpegel.

Wer nicht im Bräu war, ist nicht am Tegernsee gewesen. Das ansonsten schmucklose Gewölbe der fast schon historischen Bierschwemme schmücken nur ein paar humorige Wandfresken.

Vorm Bier sind alle gleich. So sitzen hier Münchner Schicki neben Rottacher Micki und Schüler aus dem benachbarten Gymnasium neben dem örtlichen Metzgermeister. Und zwischendrin thront der Gmunder Schneepflugfahrer auf einem halbierten Fassl – ein normaler Stuhl reicht für seine Leibesfülle nicht mehr aus.
Das Bier stammt aus der Herzoglichen Brauerei nebenan, ausgeschenkt wird Helles, Dunkles und Bock. Viel Zuspruch hat das Leicht-Bier mit 50 Prozent weniger Alkohol.
Die Nahrungsaufnahme ist eher Nebensache. Die Speisekarte ändert sich auf Jahre hinaus nicht, was der Qualität aber keinen Abbruch tut. Der Brotzeitteller kommt reichhaltig und frisch auf den Tisch, der Leberkäse gehört zu den besseren seiner Zunft, und auf den Schiefertafeln an den Wänden sind die Extras des Tages angeschrieben.

Eine der Landungsstellen der Tegernsee-Schiffahrt befindet sich direkt beim Herzoglichen Bräustüberl.

19

Bräu im Moos

Tüßling

ADRESSE
Bräu im Moos, Moos 21,
84557 Tüßling,
Tel. 086 33/1041-42

ANFAHRT
B12 München–Passau, Tüßling liegt zwischen Mühldorf und Altötting, ab dort ist der Bräu im Moos gut ausgeschildert

ÖFFNUNGSZEITEN
Dienstag bis Sonntag 8 bis 23 Uhr; Montag Ruhetag, außer Ostermontag, Pfingstmontag und wenn ein Weihnachtsfeiertag auf einen Montag fällt, dann Dienstag Ruhetag. Betriebsferien: 2.1.–14.2.

BIER
Export, Helles, Dunkles, Pils vom Faß, Weißbier und Doppelbock

ESSEN
Bayrische Schmankerl, Brotzeiten, frische Forellen, Wild, Kuchen

TIP
Besonders kinderfreundlich

▸ DER BESONDERE TIP

Im Keller des Gasthofs sehenswertes Brauereimuseum.

Er liegt wunderbar einsam inmitten des Landschaftsschutzgebiets Mörnbachtal, der Brauerei-Gasthof Bräu im Moos. Von Tüßling sind es noch rund fünf Kilometer, allerdings gut ausgeschildert – doch der weite und vielleicht für manchen etwas umständliche Weg zu diesem traditionsreichen Gasthaus lohnt sich. Allein schon wegen des idyllischen Wirtsgartens, dessen Kastanien direkt an den Wald grenzen und von wo aus die Gäste Rot- und Damwild in einem Gehege beobachten können.
Das Wild, das mit dem eiweißreichen Treber, der beim Brauen an-, beziehungsweise abfällt, gefüttert wird, findet sich auf der Speisekarte wieder. Hervorragend die Hirschsülze und der hausgemachte Hirschschinken. Wer's nicht so mit Hirsch & Co. hat: Von frischen Forellen bis hin zur landesüblichen Brotzeit ist für jeden Geschmack etwas dabei. Auch die Kuchen und Torten sind allesamt Eigenproduktion.

Im Bräu im Moos fühlt man sich der Tradition verpfichtet, und das nicht nur, was Essen und Trinken anbelangt.

Obwohl die eigentlich eher weniger zum Bier passen: Acht Sorten werden im Haus gebraut. Das Pils ist für manchen Gaumen etwas gewöhnungsbedürftig, das Weißbier um so süffiger.
Die Wirtsleute, das Ehepaar Münch, haben ein besonderes Herz für Kinder, wohl deshalb, weil sie selbst eine kleine Tochter haben. Die Kleinen haben im Garten ein eigenes Kinderhaus und dürfen auch in der Wirtsstube ihre Spielsachen unbehelligt am Boden ausbreiten. Sogar die Speisekarte ist auf die kleinen Gäste abgestimmt mit „Buffalo-Schnitzel", „Rotkäppchen-Pommes" oder „Schweinsbraten Obelix".

Vom Wirtsgarten aus kann der Gast bei einer Maß Bier das Rot- und Damwild beobachten.

Acht Biersorten werden beim Bräu im Moos gebraut. Der Blick ins hauseigene Brauereimuseum läßt einen bereits „g'lüstig" werden.

Niederbayern

Schloß Prunn im Altmühltal.

20

Brunner-Bräu

Eggenfelden

ADRESSE
Brunner-Bräu, Spanberg 3, 84307 Eggenfelden, Tel. 08721/3618

ANFAHRT
B 20 zwischen Straubing und Burghausen oder B 388 von Landshut nach Pfarrkirchen, in Eggenfelden zum Flughafen und von dort weiter nach Spanberg

ÖFFNUNGSZEITEN
Donnerstag bis Samstag 18 bis 24 Uhr, Sonn- und Feiertage 15 bis 24 Uhr; bei größeren Gesellschaften sind auf Bestellung (Tel. 08721/6801) auch Ausnahmen möglich

BIER
Helles, Weißbier

ESSEN
Bayrische Schmankerl, Brotzeiten

TIP
Auf Wunsch Brauereiführung mit kurzem ABC der Braukunst; im Sommer „Münchner Biergarten", Brotzeiten dürfen mitgebracht werden

„Das etwas andere Brauhaus" nennt Wolfram Brunner seinen 1991 erbauten kleinen Betrieb. Auf den sechs Tischen – mehr sind's tatsächlich nicht – des kleinen, heimeligen Bräustüberls liegen Blätter aus, die etwas von der Bierphilosophie des Hauses wiedergeben: Brunner läßt in modernem Rahmen alte Tradition wiederaufleben. Früher, steht auf den Blättern, hat jeder Ort in Niederbayern

seine eigene kleine Brauerei gehabt, die ihr unverwechselbares Bier in eben der Menge braute, die die Gäste „um den Kamin herum" tranken. Nicht mehr und nicht weniger. In den Regalen hinter der heutigen Schänke stehen etliche Zeugen dieser Renaissance alter Wirtshauskultur: Steinkrüge mit Zinndeckeln und versehen mit dem Namen des jeweiligen Stammgastes.

Das Bier – Helles und Weißbier – ist ungefiltert. Getrunken wird es zwischen Sudkessel und Kachelofen. Auf Bestellung gibt es Bier im Eichenholzfaß von zehn bis 200 Liter. Die Speisekarte ist klein, aber fein. Besonders empfehlenswert: das Hausgeräucherte.

Beim nagelneuen Brunner-Bräu (1991) leben in modernem Rahmen alte Biertraditionen wieder auf. Das Bräustüberl faßt ganze sechs Tische.

21 Brauerei-Gasthof Schneider

Essing

ADRESSE
Brauerei-Gasthof Schneider, Altmühlgasse 10, 93343 Essing, Tel. 09447/91800

ANFAHRT
Entweder mit dem Schiff oder mit dem Auto: Essing liegt zwischen Kelheim und Riedenburg

ÖFFNUNGSZEITEN
9 bis 24 Uhr; Montag Ruhetag

BIER
Helles, Dunkles, Weißbier; Ende April heller Maibock

ESSEN
Gehobene bayrische Küche, Brotzeiten, Kuchen

TIP
In der Umgebung: Klettergarten, Radwanderwege sowie die Burg Raudeck

Zu behaupten, viele Wege führten in das kleine Dorf Essing im Altmühltal, wäre zweifellos übertrieben. Einer aber führt übers Wasser: In Essing machen auch Ausflugsschiffe halt. Rund 300 Meter von der Anlegestelle geht man über eine Holzbrücke, durchschreitet einen Torbogen, spaziert über Kopfsteinpflaster und gelangt so, an steil aufragenden Felswänden vorbei, zum Brauerei-Gasthof Schneider.

Von der Sonnenterasse hat man einen herrlichen Blick auf einen ruhig dahinfließenden Seitenarm der Altmühl. Der Urgroßvater der heutigen Wirtsleute brachte den ersten Prospekt über Essing heraus und pries darin das malerische Ortsbild und die darüber thronende Burg Raudeck an – viel hat sich seither zum Glück nicht geändert.

Aber nicht nur Sommerfrischler, auch Biertouristen sind hier an der richtigen Adresse: Eulen Hell, Eulen Bock und Eulen Weißbier heißen die – ökologisch gebrauten – Biere. Als Spezialität gibt es ab Ende April den hellen Maibock.

Die Speisekarte verspricht nur frische Produkte, die auch dem verwöhntesten Gaumen zusagen. Wahlweise gibt's aber auch deftige Brotzeiten oder Kaffee und Kuchen. Und wer zuviel Bier verkostet hat, der kann in einem der Fremdenzimmer des Brauerei-Gasthofs bleiben.

Direkt an der Terrasse des Brauerei-Gasthofs fließt die Altmühl vorbei.

Rechte Seite:
Essing, der Standort des Brauerei-Gasthofs, ist ein verträumtes Dorf im Altmühltal.

22

Bräustüberl Hacklberg

Passau

ADRESSE
Bräustüberl Hacklberg, Brauhausplatz 7, 94034 Passau, Tel. 0851/58382

ANFAHRT
Bahnstation. Mit dem Auto zum nördlichen Donauufer, knapp 2 km von der Altstadt

ÖFFNUNGSZEITEN
Täglich 9 bis 24 Uhr; Betriebsferien: die ersten drei Novemberwochen

BIER
Helles, Weißbier, Zwickelbier

ESSEN
Bayrische Schmankerl, Brotzeiten

TIP
Sehenswert: die Feste Oberhaus oberhalb von Passau; das Glasmuseum im Hotel Wilder Mann gegenüber dem Rathaus (geöffnet täglich 9 bis 17 Uhr)

Sie haben es sich schon gutgehen lassen, die Passauer Fürstbischöfe. Am nördlichen Donauufer, knapp zwei Kilometer von der Altstadt entfernt, verbrachten die Herren einst die Sommerzeit in ihrem Lustschloß samt barocker Gartenanlage und Wasserorgeln. Heutzutage halten hier die Passauer selbst hof, wenn auch in etwas anderer Weise: Das Hacklberger Bräustüberl, vor allem aber der schattige Biergarten mit seinem alten Baumbestand und so seltenen Exemplaren wie einem Trompetenbaum, ist bürgerliche Sommerresidenz geworden.

Etwa 2000 Gästen bietet der Biergarten Platz, er ist damit der größte Passaus. Für die Kinder gibt's extra einen Spielplatz, für Erwachsene „das Hacklberger". Mit dem Feldwasser aus dem Fuchsloch werden Helles, Weißbier und Zwicklbier, die Spezialität des Hauses, gebraut. Vor wenigen Jahren feierte das zu den größten in Niederbayern zählende Brauhaus übrigens sein 375jähriges Jubiläum.

Zum Bier gibt's die üblichen Biergartenschmankerl von Hendl bis Ripperl. Gediegener läßt sich's bei Regen oder Schnee drinnen im Bräustüberl essen. Zunftstube, Jagdstube, Fürstenzimmer und Schwemme heißen die Räumlichkeiten, in denen es auch mal was Besonderes sein darf: Von der Vorspeise bis zum Nachtisch können die Köche Gerichte zaubern, bei denen Bier verwendet wird.

Im Bräustüberl Hacklberg wird auch mit Bier gekocht.

Rechte Seite:
Einer trutzigen Bierburg gleicht das Bräuhaus Hacklberg. Es ist über 375 Jahre alt.

▶ DER BESONDERE TIP

Die größte Kirchenorgel der Welt im Stephansdom (Mai bis Oktober jeden Werktag von 12.00 bis 12.30 Uhr Orgelkonzert).

Brauerei Hacklberg

23

Gasthof Andorfer

ADRESSE
Gasthof Andorfer, Rennweg 2, 94034 Passau-Ries, Tel. 0851/51372

ANFAHRT
Bahnstation; mit dem Auto über die Schanzlbrücke aus Passau hinaus, links die Neue Rieser Straße entlang

ÖFFNUNGSZEITEN
9.30 bis 24 Uhr, warme Küche 11.30 bis 22 Uhr; Samstag Ruhetag

BIER
Weißbier, Bock

ESSEN
Bayrische Schmankerl, Brotzeiten

TIP
Siehe Nr. 21

Passau-Ries

Bestellen Sie bloß kein Helles! Im Andorfer in Passau-Ries entlarven Sie sich sonst sofort als unkundiger, ignoranter Fremder. Denn hier in der Nähe der Veste Oberhaus hat man sich auf Weizen- und Bockbier spezialisiert. Der Braumeister und Gastwirt Thomas Andorfer besteht übrigens darauf, daß sein Weißbier stilecht und traditionsgemäß nur aus dem Steinkrug mit Zinndeckel getrunken wird. Für den Andorfer Thomas ist das nämlich die einzige Methode, Weißbier so kühl zu halten, daß es wirklich seinen unverfälschten Geschmack beibehält. Nicht das Weißbier, sondern das nicht minder süffige Bockbier ist der Grund, warum Brauerei und Gasthof einen

Eine Atmosphäre von Ruhe, Beschaulichkeit und Harmonie – beim Andorfer in Passau-Ries ist man darauf quasi abonniert.

Ziegenbock quasi als ihr Markenzeichen ansehen. In der Tat sollte man beim Genuß der hochprozentigen Spezialität darauf achten, daß man nachher von keinem auf die Hörner genommen wird. Vielleicht hat sich deswegen auch seit einiger Zeit das Leichte Weizen mit 40 Prozent weniger Alkohol etabliert. Die meisten Gäste kommen doch mit dem Auto hier herauf.

Verständlicherweise ist im Sommer der große Biergarten auf der Terrasse des Gasthofs der Anziehungspunkt. Aber auch in den fünf gemütlichen Stüberln oder im Weißbierkeller läßt sich's gut hokken, süffeln und tafeln.

Spezialitäten des Hauses sind der Obatzte nach eigenem Rezept beziehungsweise für den größeren Hunger Schweinsbraten mit Reibeknödel und Krautsalat oder Surbraten mit Teigknödel und Sauerkraut.

Versteckt hinter Bäumen und Büschen liegt der Andorfer nahe der Veste Oberhaus.

24

Klosterschänke

Weltenburg

ADRESSE
Klosterschänke Weltenburg, 93309 Kelheim, Tel. 09441/3682

ANFAHRT
Autobahn München–Regensburg, in Hausen über Saal nach Weltenburg oder Kelheim

ÖFFNUNGSZEITEN
Täglich 8 bis 19 Uhr, warme Küche bis 18.30 Uhr; ab Ende Oktober Montag und Dienstag Ruhetage, 15. November bis 15. März geschlossen

BIER
Urtyp Hell, Barock Dunkel (die Spezialität des Klosters), Asam Bock

ESSEN
Bayrische Schmankerl, Brotzeiten, Kuchen

TIP
Zwischen April und Oktober regelmäßige Schiffsausflüge und Kahnfahrten zwischen Kelheim und Weltenburg; besonders sehenswert ist die Asamkirche

▸ DER BESONDERE TIP

Am ersten Julisonntag Lichterfest Flammende Donau.

Um 1050 bereits ist die Klosterbrauerei Weltenburg erwähnt, und damit ist sie die älteste Brauerei der Welt. 1803 säkularisiert, wurde das Benediktinerkloster 1842 von Ludwig I. als Priorat und 1913 von Ludwig III. als Abtei wieder errichtet. Die Wittelsbacher fühlten sich den weltoffenen Benediktinern immer schon verbunden. Auf der Landzunge, direkt am Donaudurchbruch, leben heute noch 25 Mönche.

Die Klosteranlage samt der Schänke in der landschaftlichen Idylle ist zu einem Touristenmagneten geworden. Vor allem Vereine kommen gern busladungsweise hierher. Die Pächterfamilie Röhl (in der dritten Generation) hat ein eingespieltes Team und wird auch mit größerem Ansturm fertig, ohne daß die Qualität darunter leidet. Trotzdem sollte man als Individualist besser in der Nebensaison hierher kommen.

Die Sülzen und Wurstwaren stammen aus der eigenen Metzgerei, der Apfel-Rahmstrudel aus der eigenen Konditorei. Und die Donaufischer, die auf ein Barock Dunkel vorbeischauen, versorgen die Küche mit ihrem frischen Fang.

Man setzt nicht gern auf Fremdproduktion. Auch beim Bier. Wenn vom Bierpreis Geld zur Erhaltung der klösterlichen Kulturgüter abfließt, kann man die 4,80 Mark für die Halbe dunklen Bock gut verkraften.

Das Barock Dunkel mundet auch den Fährschiffern.

Rechte Seite:
Vor dem Biergartenbesuch sollte man sich die Asamkirche nicht entgehen lassen.

Schwaben

Das Allgäu in der Gegend
von Speiden.

25 König von Flandern

Augsburg

ADRESSE
König von Flandern, Karolinenstraße 12, 86150 Augsburg, Tel. 0821/158050

ANFAHRT
Autobahn A8 München–Stuttgart, Ausfahrt Augsburg-Ost (von Stuttgart kommend Augsburg-West); dann zur Stadtmitte gleich neben dem Rathaus (Tram 1 und 2 Haltestelle Rathausplatz).
Achtung: Parkplätze Mangelware

ÖFFNUNGSZEITEN
Täglich 11 bis 1 Uhr, Sonn- und Feiertage 17 bis 1 Uhr

BIER
Helles und Dunkles, im Winter und zur Fastenzeit Dunkler Doppelbock

ESSEN
Bayrische und schwäbische Schmankerl

TIP
Renaissance-Rathaus (erbaut von Elias Holl), Fuggerei (14. Jh., älteste Sozialsiedlung der Welt), zahlreiche bedeutende Kirchen

Der König von Flandern befindet sich gleich neben dem berühmten Renaissance-Rathaus in der Augsburger Innenstadt. Hier wurde 1988 die erste Gasthaus-Brauerei im Raum Schwaben eröffnet. Der Platz ist gut gewählt, zum einen wegen der zentralen Lage, zum anderen weil hier, im historischen Bader-Haus, schon im Mittelalter gebraut wurde. Gambrinus, der Schutzpatron aller

Brauer, stand für den Namen Pate – er war nämlich um 1500 König von Flandern und Brabant. Heute braut Stefan Zimmerer hier das naturtrübe und unfiltrierte Drei-Heller-Bier. Vom anfallenden Treber läßt Wirt Albert Hammerbacher sechsmal die Woche ein wunderbares Treberbrot backen und kostenlos zu seinen bayrischen und schwäbischen Spezialitäten auf den Tisch stellen. Täglich zwei- bis dreimal werden die Schweinshax'n frisch gegrillt, und Schupfnudeln mit Sauerkraut sind hier in der Lutherstadt der Renner. Ganz Hungrigen sei die Brauerpfanne empfohlen: Es gibt nämlich kostenlos Nachschlag, solange der Vorrat reicht.

Mit handwerklicher Sorgfalt braut Stefan Zimmerer im König von Flandern die Spezialität des Hauses.

26

Klostergasthof

Irsee

ADRESSE
Klostergasthof Irsee, 87660 Irsee, Tel. 08341/432200

ANFAHRT
Irsee liegt zwischen Kaufbeuren und Wörishofen

ÖFFNUNGSZEITEN
Klostergasthof täglich 11 bis 23 Uhr

BIER
Kloster Urtrunk unfiltriert, Kloster Weizen, Kloster Starkbier

ESSEN
Bayrisch-schwäbische Schmankerl

TIP
Ausflugsmöglichkeiten nach Kaufbeuren, zu den Königsschlössern Hohenschwangau und Neuschwanstein, zur Bergkäserei in Sellthürn und nach Bad Wörishofen (weltgrößte Falknerei)

▶ DER BESONDERE TIP

Im angeschlossenen Museum (geöffnet täglich 9 bis 19 Uhr) Demonstration des Bierbrauens.

Wenn Bayern und Schwaben sich bestens vertragen, dann kann das eigentlich nur auf einem Teller stattfinden. Bayrisch-schwäbische Wirtshauskultur – hinter Klostermauern und unter historischen Gewölben zeigt sich im Klostergasthof Irsee dafür ein glänzendes Beispiel.

Mitten im Allgäuer Voralpenland geht natürlich ohne Spätzle und Käs' gar nichts. Auf der reichhaltigen Speisekarte stehen Gerichte unter dem Motto „aus der heimatlichen Küche". Beispielsweise Allgäuer Kräuterfleischstrudel (pikant gefüllte und mit Käse überbackene Pfannkuchen). Wem das zu schwer ist, der kann sich am reichhaltigen Salatbüfett laben.

Zum Runterspülen nimmt man den Kloster-Urtrunk, der naturbelassen und nach langer Ausreifung direkt im Gewölbekeller gezapft wird. Irsee besitzt eine der ältesten Brauereien Deutschlands. Bei schönem Wetter genießt man den Gerstensaft im Biergarten.

Unter dem Motto „Essen und Trinken hält Leib und Seele zusammen" pflegt der Klostergasthof Irsee bayrisch-schwäbische Wirtshauskultur.

Rechte Seite:
Der Wirtshausausleger des Klostergasthofs.

Irseer
Klosterbrauerei
Irseer Klosterbräu
Braugasthof
Hotel

27 Brauerei-Gasthof zur Krone

Kronburg

ADRESSE
Brauerei-Gasthof zur Krone, 87758 Kronburg, Hauptstraße 17, Tel. 08394/237

ANFAHRT
Autobahn A7 von Ulm Richtung Kempten, nach Memmingen Ausfahrt Worningen, weiter über Grönenbach

ÖFFNUNGSZEITEN
Mittwoch bis Sonntag 10 bis 24 Uhr; Montag und Dienstag Ruhetage

BIER
Helles vom Faß, Spezial Dunkel, Pils, nach Saison Bock, im Sommer Zwickelbier

ESSEN
Bayrisch-schwäbische Schmankerl, hausgemachte Brotzeiten

TIP
Sehenswert: Schloß Kronburg, wo von Mai bis Oktober Konzerte stattfinden (zu besichtigen nur nach Anmeldung, Tel. 08394/271), und Schwäbisches Brot- und Bauernhofmuseum Illerbeuren; Radweg nach Memmingen

Das kleine verschlafene Nest Kronburg liegt zwölf Kilometer von Memmingen entfernt am Rande des Illerwinkels. Über der Ortschaft thront im Grünen die mächtige Kronburg. Unterhalb liegt der Gasthof zur Krone, ursprünglich zum Schloß gehörig und seit rund 100 Jahren im Besitz der Familie Schweighart. Franziska und Josef Schweighart haben Küche und Sudhaus im Griff. In letzterem sorgt inzwischen auch der Sohn, selbst Braumeister, dafür, daß die Tradition fortlebt. Man kapriziert sich hier auf Helles.

Untertags kommen nur wenige in den Gasthof. Am späten Nachmittag aber füllt er sich langsam – und im Sommer der Biergarten, der die Krone zum beliebten Ausflugsziel der Memminger macht. Neben der ehemaligen Kegelbahn wird unter der Woche geschlachtet. Garantiert frisch sind dann die Hausmacher Platte, der Preßsack, Sur- oder Kesselfleisch; nicht zu vergessen das Hausgeräucherte.

Josef Schweighart hat sich vor allem auf Helles spezialisiert.

Rechte Seite:
So einen Biergarten wie den der Krone muß man suchen, und das nicht nur im Schwäbischen.

28

Brauerei-Gasthof Hotel Post

Nesselwang

ADRESSE
Brauerei-Gasthof Hotel Post, 87484 Nesselwang, Tel. 08361/30910

ANFAHRT
A7 in der Mitte zwischen Kempten und Füssen, Ausfahrt Nesselwang

ÖFFNUNGSZEITEN
Täglich 7.30 bis 23 Uhr, warme Küche 11.45 bis 14 und 18 bis 21.30 Uhr

BIER
Dunkles Posthorn Gold, Bock, Zwickelbier „Der Postillon"

ESSEN
Bayrisch-schwäbische Schmankerl, Brotzeiten

TIP
Abnehmen mit Schlemmerkost (mehrere Tage im Hotel); Ausflugsmöglichkeiten zu den nahegelegenen Königsschlössern, nach Oberstdorf, ins Kleine Walsertal und in die Tiroler Alpen

Aus der Poststation von einst ist im Zentrum Nesselwangs ein gemütlicher und gepflegter Gasthof entstanden. Geblieben ist von der ehemaligen königlich-bayrischen Posthalterei neben dem Namen auch noch ein alter Brauch: Ertönt die Glocke, ist wieder ein Faß vom Postwirts Dunkel Posthorn Gold oder (im Winter) vom Traditions-Bock geleert worden.
Apropos Winter: Nesselwang liegt auf über 1000 Metern Höhe und ist sowohl als Höhenluftkurort als auch als Skigebiet bekannt. Und wenn der Schnee geschmolzen ist, braut der Postwirt mit dem reinen Gebirgsquellwasser ein naturbelassenes Zwickelbier.
So wie es in den verschiedenen Jahreszeiten verschiedene Biere gibt, so paßt sich auch die Post-Küche dem saisonalen Wechsel an und bietet natürlich Käse in allen Variationen.
Wer sich für das Hotel Post interessiert, sollte sich den Veranstaltungskalender schicken lassen.

Fast wie in der guten alten Zeit: Bereits vor 500 Jahren hatte der königlich-bayrische Postbriefkasten hier am Gasthof Post in Nesselwang seinen Platz.

Rechte Seite:
Wie der stattliche Wirtshausausleger dokumentiert, ist aus der einstigen Poststation im Zentrum von Nesselwang der heutige Brauerei-Gasthof Post hervorgegangen.

MEYER

29

Braugasthof Hotel Hirsch

Ottobeuren

ADRESSE
Braugasthof Hotel Hirsch, Marktplatz 12, 87724 Ottobeuren, Tel. 08332/7990

ANFAHRT
Autobahn München–Lindau, die Ausfahrt kurz vor Memmingen ist beschildert; mit der Bahn bis Memmingen (Allgäu-Schwaben-Takt); der Bus wartet am Bahnhofsvorplatz

ÖFFNUNGSZEITEN
Täglich 11 bis 23 Uhr, warme Küche 11 bis 14.30 Uhr und 17 bis 23 Uhr; Kellerbar ab 20 Uhr; Hotel ganzjährig (außer 23. bis 25. Dezember)

BIER
Alle Sorten; Spezialität: Ottobeurer Weiße

ESSEN
Bayrisch-schwäbische Schmankerl, Brotzeiten

TIP
Sehenswerte Ottobeurer Basilika, im Sommer Kirchenkonzerte; Wandern und Radeln in der Umgebung

Im Thermalbad schwitzen und dabei den Biersiedern bei der Arbeit zuschauen: Dieses seltene Vergnügen bietet der Ottobeurer Braugasthof Hirsch.

Ottobeuren – knapp zehn Kilometer östlich von Memmingen gelegen – ist berühmt wegen seines im Jahr 764 gegründeten Klosters mit der Barockbasilika. Hinter den Klostermauern brauten die Mönche jahrhundertelang ihr Bier.

Konkurrenz bekamen sie im Jahr 1844 nur einen Steinwurf von der Klosterkirche entfernt. Was die Leute in der Gemeinde sehr zu schätzen wußten. Brauerei und Gasthof Hirsch entwickelten sich prächtig. Das Unternehmen befindet sich seither im Familienbesitz.

Der Braugasthof verfügt über zahlreiche Nebenräume für verschiedene Feste und Versammlungen, darunter die romantische Zirbelstube. Die Zimmer des 100-Betten-Hotels sind geräumig,

Im Zentrum von Ottobeuren liegt der Braugasthof Hirsch. Das traditionsreiche Haus befindet sich seit 1844 in Familienbesitz.

man merkt freilich, daß das Gebäude schon viele Jahre auf dem Buckel hat. Was soll's: Die Preise sind ausgesprochen familienfreundlich, und die Gäste werden mit einem reichhaltigen Frühstückbüfett verwöhnt.
Außerdem gibt's ein hübsches kleines Hallenbad mit direktem Zugang vom Hotel. Großer Beliebtheit erfreut sich das Thermalbecken mit Blick ins Sudhaus. Das macht Durst – spätestens nach dem Besuch der Sauna.
Kenner genießen die Spezialität des Hauses, das hefetrübe Kellerbier. Das spritzige Helle kostet 3,80 Mark pro Halbe. Gebraut werden im Haus ein Dutzend Biersorten, darunter ein Bio-Pils aus anerkannt ökologischem Anbau. Eine Spezialität ist auch die Ottobeurer Weiße in der Bügelverschlußflasche (kostet im Lokal 4,40 Mark).
Zum Bier empfiehlt der Küchenchef den Brauhausteller (16,90 Mark), den man sogar mit einem Bärenhunger kaum verputzen kann. Die Speisekarte ist reichhaltig, aber Allgäuer Spezialitäten wie Kässpätzle oder Zwiebelrostbraten schmecken in diesem Landesteil eben doch am besten.

Die Ottobeurer Weiße: die Spezialität des Hauses.

Ein nicht alltägliches Vergnügen: Im Braugasthof Hotel Hirsch in Ottobeuren kann man im Thermalbad schwimmen und gleichzeitig den Bierbrauern bei der Arbeit zuschauen.

30

Kössel-Bräu

Speiden

ADRESSE
Kössel-Bräu, Maria-Hilfer-Straße 17, 87637 Speiden/ Eisenberg, Tel. 08364/ 8556

ANFAHRT
A 7 zwischen Kempten und Füssen, Ausfahrt Enzenstetten und weiter nach Eisenberg

ÖFFNUNGSZEITEN
Dienstag bis Freitag 17 bis 23 Uhr, Samstag und Sonntag 10 bis 23 Uhr; Montag Ruhetag, drei Wochen vor Weihnachten und letzte Aprilwoche geschlossen

BIER
Weißbier, Bock, Spezialität: das halbdunkle Vollbier

ESSEN
Bayrisch-schwäbische Schmankerl, Brotzeiten

TIP
Besichtigung der nahen Königsschlösser Neuschwanstein und Hohenschwangau; im Sommer ein Abstecher an den Hopfensee zum Baden

Das kleine Dörfchen Speiden im Allgäu ist landschaftlich wunderschön gelegen, aber im ersten Anlauf schwer zu finden. Jedenfalls traf das für den Autor zu. Als er sich dann lange genug verfahren hatte und endlich ankam, wunderte er sich, daß es so viele Menschen vor ihm gefunden hatten. Die rustikalen Stuben im Kössel-Bräu – die untere ziert sogar ein ausladendes Deckengemälde – waren voll mit Einheimischen und Fremden. Der Mann am Nachbartisch war extra aus Tirol gekommen; wegen des Biers, wie er sagte. Doch auch der Ausblick von der Terrasse könnte für die Anfahrtsodyssee entschädigen.

Am begehrtesten in der Wirtsstube des Kössel-Bräu ist das halbdunkle Vollbier, das der Wirt Anton Kössel hier eigenhändig aus dem Holzfaß zapft.

Für die ganze Gegend ist der Kössel-Bräu ein Riesengewinn. Aus der ehemaligen Brauerei war nämlich zunächst eine fade Limonadenfabrik geworden. Das hat sich jetzt geändert: Der junge Anton Kössel funktionierte das Gebäude wieder zur Brauerei um und hat damit der Region einen echten Renner beschert.
Anton Kössel produziert in seinem Maria-Hilfer-Sudhaus – so der Beiname der Wirtschaft – seit 1991 ein dunkles Weißbier und saisonal einen dunklen, naturtrüben Bock sowie ein naturtrübes Festbier. 90 Prozent des Ausstoßes aber fallen auf das halbdunkle Vollbier, das der junge Wirt selber aus dem Holzfaß zapft.
Auf den Tischen stehen Körbchen mit ofenfrischen Brezen. Vom Büfett holt man sich dazu Leberkäs, Schupfnudeln oder saure Zipfel. Schweinshaxen, Ochsenbrust oder Kassler kommen frisch aus der Küche.

Der Kössel-Bräu liegt in dem Dörfchen Speiden im Allgäu. Für Ortsunkundige ist er nicht leicht zu finden, doch die Mühe lohnt sich.

Oberpfalz

Kallmünz liegt nordwestlich von Regensburg an der Naab.

31

Prößlbräu

Adlersberg

ADRESSE
Prößlbräu, Dominikanerstraße 1–3, 93186 Adlersberg, Tel. 09404/1822

ANFAHRT
A3 Regensburg–Nürnberg, Ausfahrt Nittendorf, dann der Beschilderung folgen

ÖFFNUNGSZEITEN
Täglich 7 bis 24 Uhr; Montag Ruhetag. Betriebsferien: 20. Dezember bis 15. Januar

BIER
Helles, Dunkles, Pils, Spezialität: der dunkle Doppelbock „Palmator"

ESSEN
Bayrische Hausmannskost, Brotzeiten, donnerstags Schlachtschüsselessen

TIP
Wandern und Radeln im Jura; der gotische Bau der Klosterkirche St. Maria ist vollständig erhalten und wurde 1970 umfassend renoviert

Daß die Bierkultur in der Oberpfalz nachgerade fürstlich gepflegt wird, weiß man, seit High-Society-Schrägvogel Gloria von Thurn und Taxis ihre Bank und ihren Familienschmuck versilbert und sich in eine passable Managerin verwandelt hat – nur um ihre Brauerei zu retten. Mit der versucht sie jetzt, bundesweit im Pilsgeschäft Fuß zu fassen.

Acht Kilometer von dieser betriebsamen Hektik entfernt sitzt auf dem Adlersberg einer, der sich das alles eher amüsiert anschaut. Heinrich Prößl heißt er, ist ein g'standener Bräu und kümmert sich nicht viel um das, was die Regensburger Blaublutmanagerin in

Hoch über der Domstadt Regensburg auf dem Adlersberg braut Heinrich Prößl fünf untergärige Biersorten.

Bewegung setzt. „I brau meine fünf Sorten untergäriges Bier nur für die Wirtschaft do herom", grummelt Prößl in seinen stattlichen Schnurrbart, und er ist bisher sehr gut damit gefahren. Nur beim Weißbier muß er passen; das macht er nicht selber, sondern holt es vom Plankbräu im nahegelegenen Laaber. Neuerdings muß er bei seinen Stöffchen jedoch einen etwas größeren Sud ansetzen, denn auch die Regensburger haben entdeckt, daß das Bier am Adlersberg richtig schön „den Knorpel runterrinnt".

Kunststück: Der jetzige Bräu entstammt einer alten Biersiederfamilie, die 1838, nach der Säkularisation, das ehemalige Klosteranwesen übernommen hatte. Seither braut die Familie hoch über der Domstadt ihr Vollbier Hell, bei besonderen Anlässen ihr Festbier, zur Freude der Nordlichter ein Pils und seit 1988 auch ein Jubiläumsdunkel. Da hatte die Familie Prößl 150jähriges Jubiläum auf dem Adlersberg und wollte sich mit diesem Vollbier aus dunklem Malz verewigen.

So richtig rund geht's am Adlersberg aber immer am Palmsonntag. Da wird der Palmator ausgeschenkt, ein dunkler Doppelbock, der jährlich rund 8000 Trinkfreudige aus dem Umland zum Prößlbräu lockt. Aber Vorsicht: Das Zeug hat es in sich, es ist nämlich verdammt stark. Es ist immer wieder erstaunlich, wie die Bierleichen Jahr für Jahr nach Hause finden.

Wahrscheinlich machen's die Schmankerl als Unterlage. Die sind nicht nur hervorragend zubereitet, sondern auch recht preisgünstig. Als wir dort waren, kostete der Schweinsbraten grad mal 9,80 Mark.

Das ehemaligen Klosteranwesen auf dem Adlersberg kann auf 150 Jahre Brautradition zurückblicken

Seit auch die Regensburger den Prößlbräu entdeckt haben, muß ein größerer Sud angesetzt werden.

32

Brauerei-Gasthof Winkler

Berching

ADRESSE
Brauerei-Gasthof Winkler,
Reichenauplatz 22,
92334 Berching,
Tel. 08462/27331

ANFAHRT
Autobahn München–Nürnberg, Ausfahrt Denkendorf oder Greding; Autobahn Regensburg–Nürnberg, Ausfahrt Parsberg oder Neumarkt

ÖFFNUNGSZEITEN
Täglich 9 bis 24 Uhr; Dienstag Ruhetag, Sonntag ab 15 Uhr geschlossen, zwei Wochen Anfang September Betriebsferien

BIER
Alle Sorten, Spezialität: Bärenpils

ESSEN
Bayrisch-oberpfälzische Schmankerl, Brotzeiten. Spezialitäten: Wild, Geflügel, Kalbshaxe

TIP
Wandern auf den Jurahöhen (70-km-Wanderung); Schiffahrt auf dem Kanal

Das Städtchen Berching ist ein Kleinod des Mittelalters, das fernab der Tourismuspfade gemütlich vor sich hinlebte. Bis 1992 der Rhein-Main-Donau-Kanal einen gewissen Aufschwung bescherte, ohne daß es nun überfüllt wäre. In der Altstadt, inmitten einer bunten Häuserzeile, liegt der Brauerei-Gasthof Winkler. Eingebunden in die vollkommen erhaltene Wehrmauer ist der dazugehörige Bärenbräu die letzte kleine Brauerei im Ortskern.
Josef Winkler bietet eine ganze Palette von Bieren an, Berchinger Hell, Export-Märzen, Alt-Berchinger-Dunkel, Festbier, Bärenpils, Josefi-Bock (im März) und natürlich ein gutes Weißbier.
Daneben wird auch die regionale Küche gepflegt, mit Gerichten wie Weidelamm aus dem Laabertal in leichter Knoblauch-Kräutersauce, Braten vom Milchkalb oder gepökelte Ochsenbrust in Semmelkrensauce. Alles zu zivilen Preisen. Die Küche wurde mit dem Ehrenpreis der Oberpfalz ausgezeichnet.

Als ein Kleinod des Mittelalters gilt die Altstadt von Berching mit ihren hübschen Fachwerkhäusern.

Rechte Seite:
Im Brauerei-Gasthof Winkler werden zur großen Bierpalette exzellente Gerichte aus der regionalen Küche serviert, die den Ehrenpreis der Oberpfalz zu Recht verdienen.

Brauerei
Gasthof
Winkler
Brauerei-Gasthof Winkler
23

33

Brauerei-Gasthof Eck

Böbrach

ADRESSE
Brauerei-Gasthof Eck,
94255 Böbrach,
Tel. 099 23/84050

ANFAHRT
Autobahn Regensburg–Passau, Ausfahrt Deggendorf, nach Petersdorf und dort weiter Richtung Bodenmais

ÖFFNUNGSZEITEN
Täglich 10 bis 23 Uhr, warme Küche 11.30 bis 14 Uhr und 17.30 bis 22.30 Uhr; Montag Ruhetag, Betriebsferien 5.11.–25.12. und eine Woche nach Ostern

BIER
Spezialität: Wilderer Dunkel

ESSEN
Bayrisch-oberpfälzische Schmankerl, Brotzeiten

TIP
Wandern im Regen- und Zellertal; im Winter beginnt eine 20 km lange Loipe direkt vor der Haustür; Alpinskifahren am Arber

▸ DER BESONDERE TIP

Jeden Dienstag Bierbrauerabend: bayrischer Abend mit Büfett und Musik.

Er liegt auf einer Anhöhe, umgeben von der reizvollen Landschaft im Herzen des Bayerischen Waldes. Gerade vier Kilometer von Bodenmais ist der Brauerei-Gasthof Eck entfernt und trotzdem eine ländliche Idylle. Vorm schmucklosen, aber mächtigen Haus zeugt die stattliche Linde ebenso von langer Tradition wie die dicken Mauern und das böhmische Gewölbe in der Gaststube. Schon im Jahr 1462 hat es hier eine Brauerei gegeben.
Das Sagen im Brauerei-Gasthof Eck hat eine Frau, Lydia Schönberger, die mit ihren beiden Söhnen – einer braut, der andere kocht – den Laden schmeißt. Zeit für Hobbys bleibt offensichtlich aber

An den bayrischen Abenden, die im rustikalen Bräustadl stattfinden, ist der Wilderer bzw. das Wilderer Dunkel Spezialität des Hauses.

doch noch, denn die Frau Wirtin ist auch Jungjägerin. Was allerdings nichts mit der örtlichen Bierspezialität, dem Wilderer Dunkel, zu tun hat.
Dieses Bier trägt auch seinen Teil dazu bei, daß der Renner in der Küche ein schlichter Sauerbraten ist. Aber was heißt hier schlicht! Er ist eingelegt in die Bierwürze (das ist Jungbier vor der Gärung) des Wilderer Dunkel. Das Fleisch dafür stammt von den umliegenden Bauernhöfen, ebenso wie viele der saisonalen Spezialitäten, die angeboten werden.
Wer's hinterher „hochgeistig" mag: Ein paar Schritte vom Wirtshaus entfernt liegt die Gläserne Destille mit Schnapsmuseum und Probierstube. Hier bekommt der Gast alles Mögliche und einiges Unmögliche geboten, das sich in Gläser schenken läßt und auf „-wurz" endet.

Das einfache Gebäude des Brauerei-Gasthofs Eck in Böbrach barg bereits 1462 eine Brauerei.

34 Zum Goldenen Löwen

Kallmünz

ADRESSE
Zum Goldenen Löwen, Alte Regensburger Straße 18, 93183 Kallmünz, Tel. 09473/380; Bürstenbinder, Am Graben 5, Tel. 09473/8552

ANFAHRT
Autobahn Regensburg–Nürnberg, Ausfahrt Beratzhausen

ÖFFNUNGSZEITEN
Zum Goldenen Löwen täglich 18 bis 23 Uhr, Freitag, Samstag und Sonntag auch 11 bis 14.30 Uhr; Montag und Dienstag Ruhetage; Bürstenbinder täglich 11 bis 23 Uhr, Montag ab 18 Uhr; bei Hochwasser geschlossen

BIER
Dunkles

ESSEN
Bayrisch-oberpfälzische Schmankerl, Brotzeiten

TIP
Naturschutzgebiet bei Zaar samt Zeltplatz auf Indianerart; Kallmünzer Urlaubsspezialität: Ferien mit Holzschnitzerkursen (Info über Gemeinde Kallmünz, Tel. 09473/94010)

Durch eine Rundbogentür tritt man in einen mit Blumen geschmückten, romantischen Innenhof. Das Gasthaus Zum goldenen Löwen hat so gar nichts von Krachlederopulenz. Vielmehr dominieren hier liebevolle Details wie die kleine Figur auf der Türschwelle, dezente Fensterummalungen oder das schöne Kopfsteinpflaster. Drinnen ist es nicht anders. Das Tonnengewölbe ist sorgsam renoviert; man spürt förmlich, daß die Wirtsleute Luber mit viel Freude und Enthusiasmus am Werk sind.

Waltraud Luber kümmert sich um die Gäste, ihr Mann Richard steht in der Küche und braut nebenher seit einigen Jahren sein eigenes Bier. Auf der alten Brauanlage der Hufeisenbrauerei Pottenstein macht er ein für die Oberpfalz typisches dunkles, ungefiltertes Zoigl-Bier.

Die Speisekarte rundet das harmonische Gesamtbild ab und paßt sich den Jahreszeiten an. So gibt es zu Ostern etwa eine Lamm-

Im Bürstenbinder ist es so anheimelnd wie in Großmutters guter Stube.

leberspätzelsuppe (5,80 Mark), Entenparfait mit Walnüssen oder Waller, Lammkeule, Kalbsvögerl und Hirschbraten (29,50 Mark). Auf die Abfütterung von Busladungen ist solch eine gehobene Küche freilich nicht vorbereitet.
Ein bißchen spleenig sind die Lubers aber auch: So bieten sie zum einen jedes Jahr einem Künstler einen Monat lang Kost und Logis an und stellen anschließend seine Arbeiten aus. Zum anderen betreiben sie rund 300 Meter vom Goldenen Löwen entfernt direkt an der Naab auch noch das winzige Bürstenbinderhaus, das „kleinste Gasthaus der Oberpfalz".

In Kallmünz an der Naab betreibt die Familie Luber zwei Gaststätten: den Goldenen Löwen und den Bürstenbinder.

Neben seiner Tätigkeit als Brauer ist Richard Luber auch noch für die Küche des Goldenen Löwen zuständig.

35 Winkler Bräustüberl

Lengenfeld

ADRESSE
Winkler Bräustüberl,
St.-Martin-Straße 6,
92355 Lengenfeld/Velburg,
Tel. 09182/170

ANFAHRT
Autobahn Nürnberg–Regensburg, Ausfahrt Velburg, das Bräustüberl liegt gleich bei der Autobahn

ÖFNUNGSZEITEN
Montag bis Samstag 7 bis 23 Uhr, Sonntag und Feiertag 7 bis 21 Uhr; warme Küche 11.30 bis 14.30 Uhr und 17 bis 21 Uhr

BIER
Pils, Kupfer Spezial

ESSEN
Bayrisch-oberpfälzische Schmankerl, Brotzeiten

TIP
Wandern; Radfahren; Golf; Tennis; Badeseen in der Umgebung

Es ist ein Oberpfälzer Parade-Brauerei-Gasthof, dieses Bräustüberl. Der Gasthof strahlt unglaublich bodenständigen Charme aus und erfüllt eigentlich alles, was man sich von so einer Wirtschaft wünscht: Süffige Biere, herzhafte und fantasiereiche, aber nicht überkandidelte Speisen sowie das dazugehörige Wohlfühlambiente.

Nur bei der Speisekarte haben es die Wirtsleute Gabi und Hanns Konrad Winkler leicht übertrieben. Selbst für gebürtige und eingefleischte Bajuwaren ist sie schwer zu lesen: „Bro'n's Ent'viert'l in Zwüfe'soß" – sprich gebratenes Entenviertel in Zwiebelsoße – ist nun wirklich a' rechta Kaas'. Außerdem würde sich der Bräu wohl auch dagegen verwahren, würde jemand sein ausgezeichnetes Hefe-Pils als „Buiserl" abtun. Er schwört übrigens auch auf sein Kupfer-Spezial.

Schwamm drüber. Viel wichtiger ist, daß die Winklers – wie es sich für eine Traditionswirtschaft zwar gehört, aber nicht überall üblich ist – die Grundstoffe für ihre Küche aus der Region beziehen und genau wissen, wo und wie sie erzeugt wurden. Der Bienenhonig kommt beispielsweise vom Nachbarn, die Flugenten und Rehe stammen vom befreundeten Harrhof, das Geflügel vom Mößlerhof und so fort. Solche Transparenz freut die Kundschaft, und sie honoriert sie.

Ein echter Oberpfälzer Parade-Brauerei-Gasthof ist das Winkler Bräustüberl in Lengenfeld. Hier verdient das selbstgebraute Bier die gleiche Beachtung wie die hervorragende Küche.

Rechte Seite:
Die angenehme Atmosphäre drinnen setzt sich auch draußen im kleinen Biergarten fort.

36

Bischofshof

ADRESSE
Bischofshof, Krauterermarkt 3, 93047 Regensburg, Tel. 0941/59086

ANFAHRT
Bahnstation; mit dem Auto über die A93 oder A3

ÖFFNUNGSZEITEN
Täglich 9.30 bis 24 Uhr, warme Küche 11.30 bis 14 Uhr und 17.30 bis 22 Uhr

BIER
Pils

ESSEN
Gehobene bayrische Küche

TIP
Regensburg bietet eine Fülle von Sehenswürdigkeiten wie die Steinerne Brücke, den Dom St. Peter und die alte römische Stadtmauer Porta Praetoria

▶ DER BESONDERE TIP

An der Steinernen Brücke steht mit der Historischen Wurstkuchl die älteste Würstelbude der Welt (750 Jahre).

Regensburg

Es darf ruhig auch mal etwas feudaler sein. Der Bischofshof am Regensburger Dom ist eine der ersten Adressen der Stadt. Früher beherbergte er Kaiser, Fürsten und geistliche Würdenträger, heute dürfen auch ganz normale Sterbliche hinein. Aber keineswegs nur Touristen, die hier gediegen übernachten wollen, etwa im Appartement im Torturm der römischen Porta Praetoria; ein einfaches Doppelzimmer kostet ab 195 Mark.

Die Küche des Hauses hat einen „Ruf wie Donnerhall". Dank des Wirts und Chefkochs Herbert Schmalhofer, der schon bei Haeberlin im Elsaß und im Fürstenhaus Thurn und Taxis am Herd stand.

Der Bischofshof in Regensburg ist eine der vornehmen Adressen. Hier gingen früher Kaiser, Fürsten und geistliche Würdenträger ein und aus.

Trotzdem bietet er traditionelle bayrische Küche, allerdings halt mit der Raffinesse zubereitet, die auch verwöhnteste Gaumen befriedigt. Beim Wettbewerb „Bayerische Küche“ wurden die Wirtsleute 1988 und 1994 mit dem Ehrenpreis ausgezeichnet. Ihr gebackenes Milchzicklein mit Bärlauch und Feldsalat war eines der preisgekrönten Gerichte. Die Zisterzienser des Stiftlandes haben einst den Grundstein für die heute noch florierenden Fischzuchten in der Umgebung gelegt. Wen wundert's also, daß ein „Oberpfälzer Fisch-Pichlsteiner“ auch eine Spezialität des Hauses ist?

Dazu gehört natürlich das bekannte Bischofshofer Prälaten-Pils. Am dritten Samstag im September sprudelt das Bischofshof-Bräu sogar aus dem Gänsebrunnen, der im historischen Innenhof steht. Ansonsten wird es in den neun Gasträumen ausgeschenkt.

Im historischen Innenhof mit dem Biergarten steht auch der Gänsebrunnen, aus dem an jedem dritten Samstag im September statt Wasser das Bischofshof-Bräu sprudelt.

37

Brauerei-Gaststätte Kneitinger

Regensburg

ADRESSE
Brauerei-Gaststätte Johann Kneitinger, Arnulfplatz 3, 93047 Regensburg, Tel. 09 41/5 24 55; Kneitinger Keller, Am Galgenberg 18, Tel. 09 41/7 66 80

ANFAHRT
Bahnstation; mit dem Auto über die A 93 oder A 3

ÖFFNUNGSZEITEN
Brauerei-Gaststätte täglich 9.30 bis 1 Uhr; im Sommer Sonntag Ruhetag; Kneitinger Keller täglich 9 bis 24 Uhr

BIER
Helles, Dunkles, Pils, Bock (alle frisch vom Faß)

ESSEN
Bayrisch-oberpfälzische Schmankerl, Brotzeiten

TIP
Siehe Nr. 36

Daß in einer so alten und gleichzeitig lebendigen Stadt wie Regensburg auch Brauereigeschichte geschrieben wurde und wird, verwundert wohl kaum. Am Arnulfplatz, schräg gegenüber dem Stadttheater, übernahmen 1876 die Kneitingers Brauhaus und Gaststätte. Bis zu ihrem Tod führten Johann und zuletzt nur mehr Sophie Kneitinger mit unbeugsamem Willen und eisernem Regiment den Betrieb. Mit dem Ergebnis, daß der Kneitinger heutzutage das ist, was man Kult nennt, und weit über die Grenzen Regensburgs hinaus bekannt.
Mangels Nachkommen wurde aus dem Familienbetrieb eine Stiftung. Gerade ist das Sudhaus komplett erneuert worden. Man geht also mit der Zeit, allerdings nur hinter den Kulissen – gottseidank nur dort, wo es auch Sinn macht. Ansonsten ist alles beim alten. Die dunkle Holzvertäfelung kennen Generationen von Biertrinkern.

Die Brauerei-Gaststätte Johann Kneitinger ist seit Generationen eine Regensburger Institution. Aus dem einstigen Familienbetrieb ist eine Stiftung geworden.

Wie früher kommen auch heute noch die Kneitinger Biere im Eichenfaß auf das Ganter genannte Holzgestell, von wo sie ausgeschenkt werden. Am beliebtesten ist das Pils, Dunkel und Bock sind aber ebenso zu haben.

Die Preise sind ausgesprochen studentenfreundlich (Regensburg ist ja eine echte Studentenstadt geworden): Die Halbe Pils kostet 2,70 Mark, die traditionellen sechs Bratwürstl mit Sauerkraut 6,50 Mark. Weißwürste gibt's auch, wer die will, muß allerdings ein bisserl früher aufstehen: Sie werden nämlich, wie es die Tradition vorschreibt, nur bis 12 Uhr serviert. Das war zwar früher, als es noch keine Kühlung oder Vakuumverpackungen gab, durchaus sinnvoll, ist aber heute nur noch ein neo-bayrischer Gag. Aber dafür gibt's den berühmten Händlmaier-Senf dazu, auch eine Regensburger Spezialität.

Im Sommer geht der Regensburger in den Kneitinger Keller, den Biergarten am Galgenberg. Beide Wirtschaften haben zwar unterschiedliche Pächter und jeweils eine eigene Speisekarte (im Keller ist's ein bißchen opulenter), aber neben dem Namen auch das Bier gemeinsam.

Im gemütlichen Biergarten des Kneitinger Kellers am Galgenberg, der von den Einheimischen im Sommer gern besucht wird, fließt das gleiche Bier wie im Stammhaus.

Franken

Mit rund 90 Brauereien
im Landkreis verfügt
Bamberg über die größte
Brauereidichte der Welt.

38 Brauerei-Gasthof Greifenklau

Bamberg

ADRESSE
Brauerei-Gasthof Greifenklau, Laurenziplatz 20, 96049 Bamberg, Tel. 09 51/5 32 19

ANFAHRT
Bahnstation; mit dem Auto über die A 73

ÖFFNUNGSZEITEN
Täglich 9 bis 23 Uhr; Sonntag ab 14 Uhr geschlossen

BIER
Export (mit zartem Rauchgeschmack), Festbier, Bock

ESSEN
Bayrisch-fränkische Bratenküche, Bamberger Wirsing, Schweinshaxe, Brotzeiten

TIP
Im November Bockbierwoche mit fränkischen Schmankerln; Ende August Sandkirchweih in der Altstadt; am Buß- und Bettag Bockbieranstich; Oktober/November Bamberger Bierseminar (Information über das Fremdenverkehrsamt Bamberg, Tel. 09 51/87 11 56)

▸ DER BESONDERE TIP

Am 2. Sonntag im August Laurenzi-Kärwa (Kirchweih).

Wenn man mal vor den Touristenmassen aus der Bamberger Innenstadt fliehen möchte und es nicht gerade Sonntagnachmittag ist, dann bietet sich der private Brauerei-Gasthof Greifenklau an. Seit Gründer Graf von Greifenklau Anfang des 18. Jahrhunderts mit dem Bierbrauen begann, ist die Sudstätte in privater Hand. Am Laurenziplatz auf dem Kantberg kümmert sich die Familie Brockard bereits in der dritten Generation um ihr bunt gemischtes Publikum: Vom Studenten bis zum schafkopfspielenden Faktotum findet sich hier allerlei Menschliches.

Bei schönem Wetter kann man sich sein „Saidla" auch im Wirtsgarten (400 Plätze) schmecken lassen. Von hier aus hat man einen wunderschönen Blick auf die Altburg und die umliegenden Ortschaften. Kleine Brotzeiten dürfen nicht nur mitgebracht, sondern auch an Ort und Stelle verzehrt werden. Aber bei den Preisen kann man sich die Mühe sparen: Die Bratwürst' kosten 5,80 Mark, der Sauerbraten 13 Mark (und ist damit das teuerste Tagesgericht). Das Exportbier, selbstredend vom Faß, hat einen sehr zarten Rauchgeschmack und ist deswegen nicht so gewöhnungsbedürftig wie andere Rauchbiere. Im Gegenteil: Vom ersten Schluck an ist's ein Genuß! Zum Gasthof gehört übrigens auch ein Garni-Hotel mit 60 Betten. Falls man dem Rauchbier zu sehr zugesprochen hat, kann man davon Gebrauch machen.

Im Wirtsgarten finden 400 Gäste Platz.

Rechte Seite: Das Schmücken der Osterbrunnen hat in Bamberg Tradition.

Brauerei-Greifenklau

39

ADRESSE
Klosterbräu, Obere Mühlbrücke 3, 96049 Bamberg, Tel. 09 51/57722

ANFAHRT
Siehe Nr. 36.

ÖFFNUNGSZEITEN
Täglich 9 bis 23 Uhr; Mittwoch Ruhetag

BIER
Pils, Lager, Bock (hell und dunkel), Spezialität: Schwärzla

ESSEN
Fränkische Küche, Brotzeiten; Spezialität: Gegrillte Schweinshaxe mit Klößen und Sauerkraut

TIP
Siehe Nr. 38

Klosterbräu

Bamberg

Wenn man in der Bamberger Innenstadt über die Obere Regnitzbrücke kommt, sieht man linker Hand schon die Brauerei und den Gasthof Klosterbräu. In dieser ältesten Braustätte der Stadt sitzen die Leute bei schönem Wetter im kleinen, reizvollen Innenhof, umrahmt von Fachwerkfassaden. Das nahegelegene Franziskaner-Kloster dient als Namenspatron – und das bereits seit 463 Jahren! Die verwinkelten Gassen im Herzen der Bamberger Altstadt ziehen Fremde und Einheimische gleichermaßen an. Die Einheimischen bleiben seltsamerweise sommers wie winters lieber drinnen, am Kachelofen gleich neben der Schänke, um ihr Bier zu trinken.

Wer am allerliebsten daheim hockt, kann sich hier das geliebte Stöffli in der Siphonflasche mit nach Hause nehmen. Die Spezialität ist das sogenannte Schwärzla, ein Dunkles, aus drei verschiedenen Malzen gebraut.

Auch im Sommer lassen sich die Einheimischen im Klosterbräu lieber drinnen die Spezialität des Hauses, das Schwärzla, schmecken.

Rechte Seite:
Ganz verschachtelt in die alten Häuser der Bamberger Innenstadt liegt der Klosterbräu, die älteste Braustätte der Stadt, nahe dem Regnitzufer.

KLOSTERBRÄU

40

Schlenkerla

Bamberg

ADRESSE
Schlenkerla, Dominikanerstraße 6, 96049 Bamberg, Tel. 0951/56060

ANFAHRT
Siehe Nr. 36

ÖFFNUNGSZEITEN
Täglich 9.30 bis 24 Uhr; Dienstag Ruhetag

BIER
Rauchbier „Schlenkerla“

ESSEN
Fränkische Schmankerl, Brotzeiten

TIP
Siehe Nr. 38

Dies ist sicherlich Bambergs berühmtestes Wirtshaus. Das sehenswerte gotische Gewölbe ist dafür einer der Gründe, die zentrale Lage unterhalb des Doms ein weiterer. Und natürlich das mehrfach mit Preisen ausgezeichnete „Schlenkerla“, ein unverwechselbares Rauchbier, das die Brauerei Heller seit 300 Jahren produziert. Als man die ausgekeimte Gerste noch nicht mit Heißluft trockne-

Das Bamberger Schlenkerla ist eine Pilgerstätte sowohl für Einheimische als auch für Touristen. Spezialität des Hauses ist das mehrfach preisgekrönte Rauchbier, das schon über 300 Jahre nach demselben Rezept hergestellt wird.

te, geschah das über Buchenholz. Der Rauchgeschmack setzt sich im Braumalz fest, dadurch bekommt es das typische Aroma. Für eine eingeschworene Fan-Gemeinde gibt's nichts anderes im Glas, andere verweisen das „Schlenkerla" nach einer Probehalben ins Reich der Kuriositäten. Trotzdem, heutzutage ist es durch die vielen Bamberg-Besucher eine Berühmtheit im In- und Ausland und wird sogar bis nach Japan verkauft.
In der Wirtschaft wird das zum Bier serviert, was am besten dazu paßt: fränkische Spezialitäten. Und zwar je nach Jahreszeit, etwa Saubohnen mit Rauchfleisch und rohen Klößen.

41

Spezial

Bamberg

ADRESSE
• Spezi-Keller, Oberer Stephansberg 47, 96049 Bamberg, Tel. 0951/54887
• Brauereigaststätte, Obere Königstraße 10, Tel. 0951/24304

ANFAHRT
Siehe Nr. 36

ÖFFNUNGSZEITEN
• Spezial Dienstag bis Donnerstag 15 bis 24 Uhr, Freitag bis Sonntag 10 bis 24 Uhr; Montag Ruhetag; Betriebsferien: letzte Augustwoche und erste Septemberwoche
• Brauereigaststätte täglich 9 bis 22 Uhr; Samstag ab 14 Uhr geschlossen

BIER
Rauchbier, Lagerbier, Märzen, im November Bock

ESSEN
Fränkische Küche, Haxen, Knöchla, Brotzeiten

TIP
Siehe Nr. 38

▸ DER BESONDERE TIP

Am Pfingstsonntag Live-Jazz auf dem Stephansberg.

Die Einheimischen nennen die Wirtschaft einfach Spezi-Keller und hüten sie hartnäckig als Geheimtip. Das Spezial liegt auf dem Stephansberg, einem der sieben Hügel Bambergs, und ist im Sommer wirklich ein Traum von einem Biergarten. Trotz des Umstandes, daß man erst einmal einige hundert Meter hinaufsteigen muß.
Oben angekommen, kann der Oberbayer Demut lernen, sofern er immer geglaubt hat, die Münchner Biergärten seien das Nonplusultra. Der Himmel über Franken ist mindestens so weiß-blau und so schön wie der über Oberbayern. An dieser Stelle muß auch einmal gesagt werden, daß zwar das Münchner Bier in aller Welt bekannt ist, das Bamberger seinem oberbayrischen Bruder in Sachen Geschmack aber in nichts nachsteht und es in der Vielfalt sogar weit übertrifft. Das Rauchbier zum Beispiel, eine echte Spezialität, wird nur hier gebraut. Und was die Brauereidichte angeht, kann

Eine Spezialität auf der Brotzeitkarte des Spezi-Kellers ist der Preßsack sauer.

sowieso keiner Bamberg das Wasser reichen: Mit rund 90 (!) Brauereien im Landkreis ist die alte Reichsstadt wirklich die Biersiedermetropole. So viele Brauereien gibt's nicht mal in den USA und Kanada zusammen.

Schattige Bäume, immer ein kleines Lüfterl, ringsum nur grüne Wiesen und ein paar Obstbäume (weswegen auch gerne Familien kommen, die Kinder können hier wunderbar spielen), als einziges Gebäude in der Nachbarschaft die Sternwarte: Ein Idyll tut sich hier auf.

All das und der einzigartige Blick vom Spezi-Keller über die Altstadt, da kann es schon passieren, daß man ein Lagerbier – natürlich aus dem Holzfaß und sagenhaft gut – zuviel trinkt. Wenn's so ist: Unten in der Brauerei-Gaststätte gibt es ein paar Fremdenzimmer.

Doch die ist nicht nur deswegen einen Besuch wert: In dem alten Fachwerkhaus herrscht die typisch urige Bieratmosphäre, die nur aus gewachsener Tradition entstehen kann. Dunkle Holzverkleidung an den Wänden, blankgescheuerte Tische und ein alter Kachelofen machen jedem Neuankömmling das Wohlfühlen leicht.

Ob bei den ersten Sonnenstrahlen im Frühjahr oder bei den letzten im Herbst – der weitläufige Biergarten des Spezial auf dem Bamberger Stephansberg ist immer gut besucht.

42

Brauerei-Gasthof Alt

Dietzhof

ADRESSE
Brauerei-Gasthof Alt, 91359 Dietzhof/Leutenbach Nr. 8, Tel. 09199/267

ANFAHRT
Autobahn Nürnberg–Bamberg, Ausfahrt Forchheim-Süd, Richtung Wiesenthau, rechts nach Dietzhof

ÖFFNUNGSZEITEN
Täglich 17 bis 23 Uhr, Samstag 16 bis 24 Uhr, Sonntag 11.30 bis 24 Uhr; Montag Ruhetag

BIER
Vollbier

ESSEN
Fränkische Schmankerl, Brotzeiten, Spezialität: Gans und Rinderkeule

TIP
Wandern; Radfahren; Bierfeste; am 2. Oktobersonntag Kirchweih

Romantik ist heute wieder gefragt, das hat auch Raimund Alt, der junge Wirt des gleichnamigen Gasthofs in der Fränkischen Schweiz, erkannt. Wirtschaft und Brauerei in Dietzhof nahe Forchheim stehen auf den Resten eines alten Adelssitzes des Ritters von Wiesenthau aus dem 14. Jahrhundert.
Heute ist das Gasthaus – auch schon seit 1851 in Familienbesitz – eine der selten gewordenen, unverfälschten Bauernwirtschaften. Die Sonnenterrasse vorm Fachwerkhaus bietet 70 Plätze, der Biergarten gerade 40, die aber unter über 100 Jahre alten Linden. Hier gibt's das selbstgemachte Vollbier auch aus Steinkrügen.
Drinnen geht es rustikal, aber echt und geschmackvoll zu – ohne verfälschte Möchtegernoptik. Und auch hier kann es nicht übervoll werden: 50 Leute haben Platz in der Wirtsstube.
Warmes Essen gibt es nur mittwochs, samstags und sonntags, ansonsten fränkische Brotzeiten.

In der rustikalen kleinen Wirtsstube schenkt die Familie Alt schon seit 1851 ihr selbstgebrautes Bier aus.

Rechte Seite:
Der Brauerei-Gasthof Alt steht auf den Resten eines alten Adelsitzes aus dem 14. Jahrhundert.

Brauerei u. Gastwirtschaft-Joh. Gg. Alt.
Inh. Joh. Alt.

43 Die drei Kreuzbergkeller

Hallerndorf

ADRESSEN
• Brauerei Friedel
91352 Hallerndorf/Schnaid, Haus Nr. 10, Tel. 09543/3458 oder 09545/4736
• Brauerei Lieberth
91352 Hallerndorf, Forchheimer Str. 2, Tel. 09545/8558 oder 70746
• Brauerei Franz Rittmayer
91352 Hallerndorf, Trailerdorfstr. 4, Tel. 09545/4554

ANFAHRT
Bamberg A73 Richtung Forchheim, Ausfahrt Neuses und weiter nach Hallerndorf oder Schnaid

ÖFFNUNGSZEITEN
• Friedel: April bis Oktober (je nach Witterung) Dienstag bis Sonntag ab 11 Uhr, Montag Ruhetag; im Winter geschlossen
• Lieberth: Mai bis September (je nach Witterung) Montag, Dienstag, Mittwoch, Freitag und Samstag ab 15 Uhr, Sonntag ab 11 Uhr, Donnerstag Ruhetag; Oktober bis April Freitag ab 17 Uhr, Sonntag ab 11 Uhr, sonst geschlossen
• Rittmayer: Mai bis September (je nach Witterung) täglich ab 11 Uhr; Oktober bis April Freitag und Samstag ab 15.05, Sonntag ab 11.05, sonst geschlossen

BIER
Lagerbier, Pils, Weißbier

ESSEN
Deftige fränkische Küche

Für Nichtfranken sei gesagt: Die Keller sind das, was in München und Umgebung die Biergärten sind. Was ich Ihnen hier vorstellen möchte, hat nicht den Eigennamen „Drei Keller“, vielmehr handelt es sich hier um einen Hügel, auf dem eine kleine Kirche steht, und um diese Kirche herum haben drei Brauereien ihre Sommerkeller etabliert. Das Einmalige dabei ist, daß Sie nicht nur zwi-

schen Hellem und Weißbier wählen können, Sie haben unter drei Brauereien die Auswahl. Für Bierliebhaber ein echtes Eldorado. Im Sommer können Sie bei schönem Wetter unter den schattenspendenden Bäumen sitzen. Die winterfesten, gemütlichen Wirtsstuben sind an den Wochenenden von Oktober bis April bewirtschaftet. Alle schenken ihr Lager-, Pils- oder Märzenbier aus dem Faß und ohne Kohlensäure aus. Beim Rittmayer z. B. kostet die Maß soviel wie in München die Halbe, nämlich 5,50 Mark. Zum Essen gibt's hausgemachte Brotzeiten und an den Wochenenden Fische und Haxen vom Grill.

Um diese Kirche herum gruppieren sich die Kreuzbergkeller.

44

ADRESSE
Kathi-Bräu, 91347 Heckenhof/Aufseß, Tel. 09198/277

ANFAHRT
Zwischen Bamberg und Bayreuth auf der B 22 bis Hollfeld, weiter über Plankenfels nach Aufseß

ÖFFNUNGSZEITEN
Täglich 9 bis 23 Uhr

BIER
Dunkles, Vollbier

ESSEN
Brotzeiten

TIP
Am vierten Augustwochenende fünf Tage lang Kathi-Kärwa (Kirchweih)

Kathi-Bräu

Heckenhof/Aufseß

Wenn es in Bayern einen Motorradolymp gibt, dann liegt er im oberfränkischen Dörfchen Heckenhof. An einem schönen Wochenende treffen sich dort Hunderte, die in Schräglage die Freiheit suchen, im Kathi-Bräu.
Zugegeben, rein optisch ist die Wirtschaft auf den ersten Blick nicht unbedingt ein Schmuckstück, doch ihre pittoreske Patina hat unbestritten Charme. Das Haus ist uralt und lange nicht renoviert worden. Drumherum stehen ein paar Scheunen (in einer befindet sich die Braustätte) und zwischendrin Nußbäume, unter denen sich Biertische und Bänke verteilen – man hat den Eindruck, auf einem Hoffest gelandet zu sein.
Alles sehr einfach, aber ehrlich – so, wie die langjährige Wirtin Kathi Meyer gewesen ist, die 1993 im Alter von 82 Jahren gestorben ist. Bis kurz vor ihrem Tod hat sie noch drei- bis viermal im Jahr selbst gebraut und die Wirtschaft ohne Ruhetag betrieben.

Wie in einer Bauernstube vor hundert Jahren fühlt man sich in der einfachen Gaststube des Kathi-Bräu, in der noch bis 1993 die legendäre Wirtin Kathi Meyer werkelte.

Dabei lief der Laden so gut, daß ihr im Sommer schon mal das eigene Bier ausgegangen ist und auf die Schnelle fremdes gekauft werden mußte.
So was passiert heute nicht mehr. Kathi Meyers Nachfolger Josef Schmitt – er hat die alte Wirtin seinerzeit schon beim Brauen unterstützt – hat an dem ganzen Betrieb kaum etwas verändert, nur größere Kühlkapazitäten geschaffen, um zu vermeiden, daß das Hausbier ausgeht. Der Braumeister – seine beiden Söhne eifern ihm nach – macht lediglich eine Sorte, ein dunkles Vollbier; dazu gibt's aber auch noch einen Hausbrand. Das Alkoholfreie für die in Scharen einfallenden Motorradler (jedenfalls sollten sie's trinken) kommt woanders her.
Zum Essen sind kalte fränkische Brotzeiten angesagt, lediglich freitags kommt was Warmes auf den Tisch: Schaschlik für 6 Mark, der Renner. Bei schlechtem Wetter wird's dann drinnen im Kathi-Bräu eng. Freitags ist nämlich auch noch Stammtisch. Das Ambiente des einen Stüberls versetzt den Gast postwendend ins 19. Jahrhundert zurück, das andere in den Gelsenkirchener Barock.

Ein Schmuckstück ist es ja nicht gerade, das alte, längst renovierungsbedürftige Gemäuer des Kathi-Bräu. Aber das tut der Liebe der zahlreichen Biergartenanhänger keinen Abbruch. Vor allem für viele Motorradfahrer ist er ein beliebter Treffpunkt.

45

Brauerei-Gasthof Drei Kronen

Memmelsdorf

ADRESSE
Brauerei-Gasthof Drei Kronen, Hauptstraße 19, 96117 Memmelsdorf, Tel. 09 51/94 43 30

ANFAHRT
Von Bamberg 7 km in Richtung Scheßlitz

ÖFFNUNGSZEITEN
Montag 17 Uhr bis Sonntag 15 Uhr

BIER
Weißbier, Lager, Stöffla (Kellerrauchbier)

ESSEN
Fränkische Schmankerl, Brotzeiten, nach Saison: Karpfen, Forellen, Spargel, Wild

TIP
In der Nähe Schloß Seehof, Sitz des Landesamts für Denkmalpflege, mit herrlichem öffentlichem Park

In Bamberg gibt es neun Brauereien. Im nahen 3500-Seelen-Dorf Memmelsdorf sind es immerhin noch drei. Die bemerkenswerteste ist der Brauerei-Gasthof Drei Kronen, und das nicht nur wegen der Orgel-Weißen.

Die entstand, als der Nachbar, der Dorfpfarrer, dem Brauer sein Leid klagte, er wisse nicht, wo er 200 000 Mark für eine neue Orgel herkriegen solle. Da kreierte der findige Brauer eben jene Orgel-Weiße. 15 Pfennig von jeder verkauften Halben fließen in die Kirchen- beziehungsweise Orgelkasse. Trinken für einen guten Zweck – sowas war noch nie ein Flop. Zumal in Bayern, wo Kirche und Bier Hand in Hand gehen.

Abgesehen vom karitativen Weißbier ist der Landgasthof sehr gut geführt und hat auch dem verwöhnten Gaumen einiges zu bieten. Ob Lamm in den verschiedensten Variationen oder Spargelspezialitäten, die Küche ist gediegen, bodenständig und ehrlich.

Hell und freundlich sieht es im Landgasthof Drei Kronen aus. Zur berühmten Orgel-Weißen hat die Küche so manche Spezialität auch für den verwöhnten Gaumen zu bieten.

Rechte Seite:
Unter den drei Memmelsdorfer Brauereien ist der Brauerei-Gasthof Drei Kronen sicher der bemerkenswerteste.

Auf Wiederseh'n
bis zum nächsten Ma(h)l
Drei Kronen Brauerei - Gasthof

46

Brauerei-Gasthof Schnupp

Neudrossenfeld

ADRESSE
Brauerei-Gasthof Schnupp,
Altdrossenfeld 8,
95512 Neudrossenfeld,
Tel. 09203/6474

ANFAHRT
Auf der B85 zwischen Bayreuth (10 km) und Kulmbach (10 km)

ÖFFNUNGSZEITEN
Täglich 7 bis 23 Uhr;
Freitag Ruhetag

BIER
Altfränkisches Dunkel vom Faß, Edelpilsener, Vollbier, Storchen-Leichte

ESSEN
Herzhafte fränkische Braten, frische und geräucherte Forellen, Steakspezialitäten, Brotzeiten

TIP
Kirchweih Anfang Juli;
Storchenfest Ende Juli;
Kinder und Hunde ausdrücklich erwünscht;
Badesee mit Bootsverleih;
Golfplatz sowie Rad- und Wanderwege in unmittelbarer Nähe

Man spricht gern von einer „traditionsreichen Wirtschaft“. In diesem Fall stimmt's wirklich: Urkundlich erstmals erwähnt wurde diese „Schankstätte“ schon 1398. Ein paar Jahre später, 1726, wurde es „der Schnupp“, weil ein gleichnamiger Melchior einheiratete, und dieser Name ist bis heute geblieben.
Wie früher wird in der Braustätte das Bier noch per Hand gemacht. Gebraut wird selbstverständlich nach alten Rezepten, vergoren in offenen Bottichen. In natürlich gekühlten Lagerkellern erhält das Bier dann seine Ausstoßreife. Auch was heute keine Selbstverständlichkeit mehr ist, passiert hier: Es wird selbst gemälzt und

Beim Schnupp wird das Bier noch wie früher per Hand gemacht. Im dazugehörigen Brauerei-Gasthof hat man sich insbesondere der regionalen Küche verschrieben.

nicht bei Fremdfirmen eingekauft. Das gibt dem Braumeister die Möglichkeit, das Altfränkische Dunkle ganz genau nach seinen Vorstellungen zu brauen. Spezialitäten sind das altfränkische Dunkel, das Jubiläumsbier und das Edelpilsener. Für Selbstabholer gibt es Holzfässer ab zehn Liter.

Daß hier neben dem Gerstensaft auch die Natur noch intakt ist, beweist der Umstand, daß jedes Jahr ein Storchenpaar auf dem Brauereikamin seinen Nachwuchs großzieht – nach ihm benannt ist die Storchen-Leichte.

Der gutbürgerliche Landgasthof pflegt besonders die regionale Küche. Saisonbedingt gibt es auch Wildgerichte, ganzjährig frische Forellen (auch geräuchert) sowie Steakspezialitäten. Wer danach einen Schnaps braucht: Der aus Bier gebrannte Gambrinus und das Obstwasser stammen aus der hauseigenen Brennerei.

Zwischen Kulmbach und Bayreuth liegt die beschauliche Ortschaft Neudrossenfeld.

47 Brauerei-Gaststätte Sauer

Roßdorf am Forst

ADRESSE
Brauerei-Gaststätte Sauer, Sutte 5, 96129 Roßdorf am Forst/Strullendorf, Tel. 09543/1578

ANFAHRT
Autobahn Nürnberg–Bamberg, Ausfahrt Hirschaid, über Seigendorf, Friesen, Wernsdorf nach Roßdorf am Forst

ÖFFNUNGSZEITEN
Täglich 9 bis 24 Uhr, warme Küche mittags und ab 17 Uhr; Montag Ruhetag

BIER
Lagerbier, Pils; im Felsenkeller Lagerbier vom Faß

ESSEN
Fränkische Schmankerl, Brotzeiten; im Felsenkeller hausgemachte Brotzeiten

TIP
Wander- und Radwege in der Umgebung; sehenswerte Kirche im nahen Amlingstadt mit alten Heiligenfiguren; Kirchweih am 2. Sonntag im Juli

Bei der Brauerei-Gaststätte Sauer in Roßdorf gibt's nur am ersten Dienstag und Mittwoch im Monat die hausgemachte Sülze mit Röstkartoffeln (7,80 Mark), jeweils freitags, samstags und sonntags die groben Bratwürste (6 Mark), und bloß von Oktober bis Ende April stehen die marinierten Heringe mit Pellkartoffeln (6,80 Mark) auf dem Speiseplan.
Drinnen in der mit viel Holz eingerichteten Stube und draußen im gemütlichen Wirtsgarten kann man schon verhocken. So landete denn der Gasthof samt Brauerei – es gibt ungespundetes Lager und Pils aus dem erst 1993 modernisierten Sudhaus – sogar mal im „Playboy".
Zum Sauer gehört auch noch eine besondere Attraktion, die leider nur sonntags geöffnet hat: der durch eine schmale Gasse erreichbare Felsenkeller, ein idyllischer Biergarten mit 350 Plätzen – einer der schönsten Biergärten der Fränkischen Schweiz.

Die Frage, ob man beim Sauer lieber drinnen in der Brauerei-Gaststätte oder draußen im Biergarten sitzt, wird wohl letztlich das Wetter entscheiden – gemütlich ist's hier wie dort.

Rechte Seite:
Zum Gasthof gehört auch der Felsenkeller, seines Zeichens einer der schönsten Biergärten der Fränkischen Schweiz.

48

Gasthaus Reinwand

ADRESSE
Gasthaus Reinwand, Maximiliansplatz 99, 96145 Seßlach, Tel. 09569/304

ANFAHRT
Von Coburg auf der B 303 Richtung Schweinfurt, nach ca. 10 km in Witzmannberg nach Seßlach

ÖFFNUNGSZEITEN
Täglich 9 bis 24 Uhr; Mittwoch Ruhetag

BIER
Eine typisch fränkische Spezialität: ungespundetes Kellerbier, ein dunkles Vollbier mit weniger Kohlensäure und stärker gehopft

ESSEN
Bayrisch-fränkisch, vom Zwiebelkäse bis zum Steak

TIP
Besichtigung der nahen Residenzstadt Coburg; Baden in den Thermalfreibädern Rodach oder Staffelstein

Seßlach

Das Gasthaus Reinwand im Zentrum von Seßlach ist eine gemütliche, urfränkische Wirtschaft und fällt vor allem durch eine Besonderheit auf: Der Bierpreis ist sensationell niedrig – knapp über zwei Mark kostet die Halbe. Und dafür wird dem immer gerne wiederkehrenden Gast keineswegs irgendein Plempel vorgesetzt, sondern ein leckerer, ungespundeter Hausbräu aus dem Kommunenbräuhaus Seßlach.
Bei den Reinwands um die Ecke setzt der Brauspezialist Emil Haas so alle Monate einen Sud (35 Hektoliter) an, der dann in einen Tank unter der Wirtschaft gebracht wird und dort noch einige Wochen nachgart.
Theoretisch hat sogar jeder Bürger des Städtchens das Recht, sein eigenes Bier hier mit anzusetzen. In der Praxis verfällt dieses uralte Braurecht allerdings, wenn es länger als zwei Jahre nicht genutzt worden ist. Seßlach ist ein Kleinod alter fränkischer Baukunst und

1986 mit dem Bundespreis für Stadtsanierung ausgezeichnet ist Seßlach für Liebhaber historischer Bausubstanz ein wahres Vergnügen.

so liebevoll erhalten, daß es 1986 mit dem Bundespreis für Stadtsanierung ausgezeichnet wurde. Die alte Wehrmauer umschließt das Zentrum vollständig, wie wir das von Italien her kennen und hierzulande kaum mehr finden (vielleicht orientiert sich der Bierpreis ja am Lira-Kurs?). Die Innenstadt gehört ausschließlich den Fußgängern, Autos sind daraus verbannt.
Am Maximiliansplatz steht ein um 1350 errichteter gotischer Fachwerkbau, der wegen seines hohen Giebels das Hohe Haus genannt wird. Dies ist das Gasthaus Reinwand. Seit 120 Jahren befindet es sich in Familienbesitz; heute schwingt Anni Reinwand das Zepter.
Empfehlenswert sind ihre Gänse und Enten sowie der Rehbraten mit Klöß und Blaukraut (15,50 Mark). Die hintere Gaststube mit dem gemütlichen Kachelofen wurde jüngst mit viel hellem Holz geschmackvoll renoviert. Im Sommer sitzt man eh im Freien vor dem Haus.
Seit kurzem gehört zum Gasthaus auch das neugebaute Garni-Hotel Neue fränkische Landherberge, nur fünf Minuten vom Ortszentrum entfernt.

Bei der jüngsten Renovierung wurde der hintere Raum des Gasthauses Reinwand ganz mit hellem Holz ausgestaltet. Zum Gänse-, Enten- oder Rehbraten der Wirtin läßt man sich hier den Hausbräu schmecken, der übrigens nur ganze zwei Mark pro Halbe kostet.

49 Brauerei-Gasthof Drei Kronen

Straßgiech

ADRESSE
Brauerei-Gasthof Drei Kronen, Dorfstraße 24, 96110 Scheßlitz-Straßgiech, Tel. 09542/216

ANFAHRT
10 km von Bamberg nordöstlich in Richtung Scheßlitz

ÖFFNUNGSZEITEN
Montag bis Freitag 16 bis 1 Uhr, Samstag und Sonntag 9 bis 1 Uhr; Donnerstag Ruhetag

BIER
Lagerbier vom Holzfaß

ESSEN
Fränkische Schmankerl, hausgemachte Brotzeiten; am Wochenende große Karte (fränkisch und international)

TIP
Giechburg; Golfplatz Leimershof (5 km); am ersten Augustsonntag Kirchweih

Manches entdeckt man erst auf den zweiten Blick. So fällt einem beim flüchtigen Hinschauen am Gasthof Drei Kronen, direkt an einer Durchgangsstraße gelegen, lediglich der goldene Brauereiausleger auf. Ursprünglich stand dieser Gasthof gar nicht auf meinem Plan, und ich mußte schnell feststellen, daß ich beinahe an einer der ältesten Brauereien der Welt vorbeigefahren wäre. Das Gründungsjahr wird mit 1308 angegeben. Daß sich jahrhundertelange Erfahrung auf die Bierqualität niederschlägt, war schnell zu erfahren: Das „Saidla", das ich im Innenhof zischte, war ein Genuß.

Ein schöner ruhiger Innenhof liegt zwischen dem Gasthaus und der Brauerei Drei Kronen. Ein paar Schritte weiter gibt's unter schattigen Kastanien noch einen weiteren Biergarten.

Wenn man aber erst mal hineingeht, steht man zwischen dem Gasthaus und der alten Brauerei in einem schönen, geschützten und ruhigen Brauereihof. Mit Biergartentischen und -bänken urig bestückt, läßt es sich hier herrlich sitzen, auch unter den mit Efeu und wildem Wein bewachsenen Arkaden. Geht man noch ein bißchen weiter und steigt zwischen Scheune und Bierkeller ein paar Holzstufen hinauf, landet man im Biergarten unter herrlichen Kastanien.
Wen wundert's da noch, daß die Drei Kronen weit über die Dorfgrenze hinaus bekannt und beliebt sind. Auf der Karte stehen sowohl Hausmacherbrotzeiten für den kleinen Hunger wie auch diverse Braten oder Geflügel, alles zu zivilen Preisen.
Das hier gebraute Lagerbier ist recht süffig. Und das alte Sudhaus mit Malztenne dient auch für ausgefallene „Räuberessen".

Die Brauerei Drei Kronen wurde bereits 1308 gegründet. Hier hat man sich vor allem auf die Herstellung von Lagerbier spezialisiert.

50

Landgasthof Hotel Rittmayer

Willersdorf

ADRESSE
Brauerei-Landgasthof Hotel Rittmayer, 91352 Willersdorf 10, Tel. 09195/2310

ANFAHRT
Autobahn Nürnberg–Bamberg, Abfahrt Neuses

ÖFFNUNGSZEITEN
Montag 17 bis 23 Uhr, Wochenende 10 bis 23 Uhr, ansonsten ab mittags; Dienstag Ruhetag

BIER
Helles Lagerbier, Weißbier

ESSEN
Fränkische Spezialitäten (einmal im Monat Hausschlachtung); Brotzeiten; nach Saison: Forellen, Spargel; Spezialität: Karpfen

TIP
Wandern und Radeln in der Umgebung; Kirchweih am letzten Wochenende im August

Das eigene Hausbier, das gab es früher überall am Land. Gepflegt wird diese Tradition heute nur noch in Franken. Man holt sich das Jungbier bei der Brauerei, die Maß für eine Mark, und lagert es im Faß im eigenen Keller. Da das Bier „auf Hefe schwimmt", steht es nicht so schnell ab.

In einer Gegend, in der in jedem Dorf eine Brauerei steht, macht das Sinn. Im Landgasthof Rittmayer wurde 1985 die Sudstätte in einen sehr gemütlichen Gastraum umgewandelt. Seither braut man im Nachbarort nach altem Rezept bei der Brauerei Lieberth seinen Sud und läßt ihn im eigenen Gärkeller heranreifen.

Der Hausbräu ist ein helles Lagerbier, das so gut gehopft ist, daß es eigentlich zwischen Lager und Pils angesiedelt werden müßte. Auf jeden Fall aber ist es herrlich süffig. Das Weißbier kommt vom gleichnamigen Rittmayer aus Hallersdorf und ist ebenfalls von besonderer Klasse.

Überhaupt lädt dieser Landgasthof – seit 1422 in Familienbesitz – zum Bleiben ein. Schöne, gemütliche und komfortable Zimmer, dazu das Bier und die hervorragende Küche. Deren Spezialität sind Karpfen aus eigener Zucht, die während der Saison von Ende August bis Anfang Dezember wahlweise gebacken, blau oder heißgeräuchert auf den Tisch kommen (Vorbestellung ist anzuraten). Einmal im Monat ist außerdem Hausschlachtung.

Die Aufschrift „Brauerei Rittmayer" entspricht seit 1985 nicht mehr den Tatsachen. Damals wurde die Sudstätte in einen Gastraum (rechte Seite) umgemodelt. Den Hausbräu – ein helles Lagerbier – braut man seither nach eigenem uralten Rezept im Nachbarort.

Kaspar Schulz
Bamberg

51

Brauerei-Gasthof Hartmann

Würgau

ADRESSE
Privater Brauerei-Gasthof Hartmann, Fränkische-Schweiz-Straße 26, 96110 Würgau, Tel. 09542/537 und 571

ANFAHRT
Autobahn Bamberg–Bayreuth, Ausfahrt Scheßlitz, auf der B22 nach Würgau

ÖFFNUNGSZEITEN
Täglich 9 bis 24 Uhr; Dienstag Ruhetag. Betriebsferien: 24. bis 30. Dezember

BIER
Hartmann Felsentrunk (Spezialbier)

ESSEN
Fränkische Schmankerl, Brotzeiten; Spezialität: Spanferkelrücken in Dunkelbiersauce (eigene Jagd)

TIP
Würgau gilt als Tor zur Fränkischen Schweiz und bietet etliche Tourenmöglichkeiten; sehr beliebt bei Motorradfahrern

„Willst Du Freude am Leben haben, mußt Du Dich mit Hartmanns Bieren laben!" Freude am Leben ist zwar nicht ausschließlich von Hartmanns Bieren abhängig, aber auf jeden Fall schaden die dabei keineswegs. Der traditionsreiche Gasthof in Würgau gehört zu den ältesten Braustätten Bayerns – seit 1550 „Brau- und Erbschänke" – und hält sich noch immer an das Motto: klein, aber fein.

Edelpils, Felsentrunk („Mit einem Hauch von Rauch"), beide vom Faß; aus der Flasche helles und dunkles Vollbier, Felsen-Weiße sowie saisonal Bock- und Festbier werden hier gebraut. Das Brauwasser kommt aus der eigenen Felsenquelle.
Zum Bier gibt es fränkische Schmankerl wie ofenfrisches Spanferkel in Würgauer Dunkelbiersauce oder Bierhaxe. Das Ganze wird serviert in gemütlichem Ambiente, im Poststübchen etwa, wo noch Balken aus jener Zeit zu sehen sind, als man die Pferde an der alten Poststation angebunden hat. Selbstredend kann man auch im Freien sitzen. 150 Leute finden hier unter Kastanien Platz.

Der private Brauerei-Gasthof Hartmann in Würgau blickt auf eine lange Tradition zurück. Seit 1550 als „Brau- und Erbschänke" geführt, zählt er zu den ältesten Braustätten Bayerns.

52

Brauerei-Gasthof Zum Hirschen

Zeil am Main

ADRESSE
Brauerei-Gasthof Zum Hirschen, 97475 Zeil am Main, Speiersgasse 21, Tel. 09524/9554

ANFAHRT
Zeil am Main liegt zwischen Bamberg und Schweinfurt, Abfahrt Knetzgau; oder per Schiff von Würzburg bzw. Bamberg aus

ÖFFNUNGSZEITEN
Täglich ab 9 Uhr; Dienstag Ruhetag

BIER
Pils vom Faß (ohne Kohlensäureanstich), Dunkles, Rauchbier

ESSEN
Fränkische und internationale Schmankerl, Brotzeiten

TIP
Keltenwanderweg und Weinwanderweg um Zeil herum; viele Radwege; Ende Juli/Anfang August Weinfest in der Altstadt

Das kleine Städtchen Zeil am roten Main gilt als östliches Tor zum fränkischen Weinland. Oder andersrum: als letzte Bastion der Biertrinker nach Art der Brauerei Göller. Hier hält man's mit der alten Weisheit: Wein auf Bier, das rat' ich Dir.

Der Brauerei-Gasthof Zum Hirschen ist ein beliebter Treff für die ganze Gegend. Das Haus, in dem früher auch noch die Brauerei untergebracht war, hieß mal Die alte Freyung. Diese einstmalige Exklave des Hochstifts Bamberg bot politisch Verfolgten Asyl.

Pächter Willi Katzenberger ist ein Mann, der in der Welt herumgekommen und vielem aufgeschlossen ist, was sich nicht zuletzt in einer für die – pardon – Provinz ungewöhnlichen Speisekarte niederschlägt: Hier findet man etwa einen Fischteller (Seezungenröllchen, Lachsschnitte, Zanderfilet und Forelle mit Blattspinat und wildem Reis für 25 Mark), vegetarische Spezialitäten oder selbstgebrockte Schwammerl.

Doch zurück zu Bier und Wein: Im Sommer, sagt der Wirt, bevorzugen die meisten Gäste ein Pils oder die naturtrübe Freyungs Weiße, im Winter greifen sie auch mal zu einem Schoppen Wein. Doch auch sommerliche Vino-Anhänger dürfen sich in den schönen Biergarten (200 Plätze) setzen, der abseits der Straße im Brauereihof angelegt ist und einen reizvollen Blick auf die benachbarten Obstgärten bietet.

Das Haus des Brauerei-Gasthofs Zum Hirschen hieß früher Die alte Freyung und bot als Exklave des Hochstifts Bamberg politisch Verfolgten Asyl.

Rechte Seite:
Unübersehbar springt der Hirsch aus dem Wirtshausausleger dem Besucher ins Auge. Auf der Speisekarte dominieren aber Fischraffinessen oder vegetarische Spezialitäten.

Bildnachweis

Alle Fotos stammen von Heinz Weißfuß, München, außer S. 44, 45 (Manfred Lämmerer, München), S. 70 (Klostergasthof Irsee) und S. 76, 77 unten (Braugasthof Hotel Hirsch, Ottobeuren).

Die Abbildungen im Inhaltsverzeichnis zeigen einen Bierkrug des Brauerei-Gasthofs Drei Kronen in Straßgiech (S. 2), die Brauerei-Gaststätte Sauer in Roßdorf (S. 3 oben) und eine Landschaft in der Hallertau (S. 3 unten).
Auf der Umschlagabbildung ist das Unions-Bräu in München zu sehen.

Autor und Verlag bemühen sich um zuverlässige Information. Fehler und Unstimmigkeiten sind jedoch nicht auszuschließen. Eine Garantie für die Richtigkeit der Angaben kann deshalb nicht gegeben werden. Eine Haftung für Schäden und Unfälle wird aus keinem Rechtsgrund übernommen.

Impressum

2., überarbeitete Auflage 1997

Redaktion: Gebhard Mosl, Marianne Heilmannseder
Redaktionsleitung: Dr. Reinhard Pietsch
Satz/Layout/Umschlag: AVAK Publikationsdesign, München
Kartenskizzen: Achim Norweg, München
Produktion: Manfred Metzger
Druck und Bindung: Graficromo, S. A., Cordoba

Printed in Spain

Gedruckt auf chlor- und säurearmem Papier

ISBN 3-517-01820-1

Brauerei zur
Alten Freyung
Inhaber
Franz Göller
SW AL 178